사월의 노래

*이 책은 경기도, 경기문화재단, 한국문화예술위원회의
 문예진흥기금을 보조받아 발간되었습니다.

큰 스푼
사월의 노래

초판 1쇄 발행 2019년 4월 19일
초판 4쇄 발행 2023년 9월 4일

글 신현수 | 그림 채원경

ISBN 979-11-88283-87-3 (73810)

* 책값은 뒤표지에 있습니다.
* 잘못 만들어진 책은 구입하신 곳에서 바꾸어 드립니다.

발행처 주식회사 스푼북 | 발행인 박상희 | 총괄 김남원
편집 길유진·김선영·박선정·김선혜·권새미 | 디자인 조혜진·정진희 | 마케팅 구혜지
출판신고 2016년 11월 15일 제2017-000267호
주소 (03993) 서울시 마포구 월드컵북로 6길 88-7 ky21빌딩 2층
전화 02-6357-0050(편집) 02-6357-0051(마케팅)
팩스 02-6357-0052 | 전자우편 book@spoonbook.co.kr

제품명 사월의 노래	
제조자명 주식회사 스푼북 | 제조국명 대한민국 | 전화번호 02-6357-0050	⚠ 주 의
주소 (03993) 서울시 마포구 월드컵북로6길 88-7 ky21빌딩2층	
제조년월 2023년 9월 4일 | **사용연령** 10세 이상	아이들이 모서리에 다치지
※ KC마크는 이 제품이 공통안전기준에 적합하였음을 의미합니다.	않게 주의하세요.

사월의 노래

글 신현수 | 그림 채원경

스푼북

4·19 혁명과 어린이들 이야기

얼마 전 나는 우리나라 현대사에 대한 책을 읽다가 사진 한 장을 보고 깜짝 놀랐어요. 그것은 1960년, 4·19 혁명이 일어났을 때 어린이들이 시위하는 모습을 담은 사진이었어요.

사진 속 어린이들은 '부모 형제들에게 총부리를 대지 말라!'라고 쓴 현수막을 든 채 주먹을 불끈 쥐고 뭔가를 외치며 행진하고 있었어요. 동무들과 서로서로 어깨동무를 하고서 말이지요.

4·19 혁명은 1960년 3월 15일에 치러진 우리나라 네 번째 대통령 선거에서 자유당의 이승만 대통령이 부정 선거를 통해 또다시 정권을 차지하자, 시민들이 민주주의를 외치며 들고일어난 민주화 운동이에요. 우리나라 민주주의가 싹을 틔우고 꽃을 피우는 데 엄청난 역할을 한 커다란 사건이지요.

당시 이승만 대통령은 이미 세 번이나 대통령을 했는데도, 또다시 정권을 차지하고자 눈에 불을 켰어요. 그런데 선거일을 앞두고 상대편인 민주당 후보가 갑작스레 세상을 떠나는 일이 생겼어요. 이승만 대통령은 자연

스레 단독으로 대통령 후보가 되었지만, 같은 자유당의 이기붕 후보를 부통령에 당선시키고자 갖가지 부정한 방법을 선거에 동원했어요.

 자유당을 찍은 표를 미리 투표함에 넣어 두는가 하면, 여러 명씩 짝을 지어 투표하는 걸 서로 감시하게 했어요. 설탕, 고무신, 밀가루, 막걸리 같은 것을 나눠 주며 유권자들을 꾀기도 했고요. 투표소마다 깡패들을 배치해 부정 선거를 반대하는 민주당 사람들을 폭행하기도 했답니다.

 심지어는 투표함을 개표소로 운반할 때 자유당 표가 가득 들어 있는 투표함으로 바꿔치기까지 했어요. 부정 선거를 막으려는 사람들을 '빨갱이(공산주의자를 뜻하는 속어)'로 몰아 위협하기도 했고요.

 그 결과 이승만 대통령은 이기붕 부통령과 함께 다시금 정권을 잡았어요. 전국에서는 분노한 시민들이 '부정 선거 몰아내자!' '민주 선거 다시 하자!'라며 들고일어났지요.

 이 과정 중에 마산에서 시위를 하다가 실종됐던 김주열 학생의 시신이 눈에 최루탄이 박힌 처참한 모습으로 마산 앞바다에서 발견되었어요. 이 소식은 전국으로 퍼져 갔고 사람들은 거리로 쏟아져 나왔어요. 일반 시민들은 물론이고 대학생, 중·고등학생들에 이르기까지 수많은 사람들이 민주주의를 외치며 격렬한 시위를 벌였지요. 급기야 4월 19일 화요일에는 전국적으로 가장 큰 시위가 일어났고, 경찰은 시위대에 총을 쏴서 수많은 사람들이 목숨을 잃거나 크게 다쳤어요.

 그러자 4월 26일에는 더 많은 사람들이 시위에 나섰어요. 시위대는 '살

인 경찰 물러가라!' '이승만은 하야하라!'라고 외치며 경무대(대통령이 사는 '청와대'의 옛 이름)를 향해 나아갔어요. 결국 이승만 대통령은 민주주의를 위해 하나로 뭉친 시민들을 이기지 못하고 대통령직에서 물러났지요. 이 과정 전체를 통틀어 '4·19 혁명'이라고 해요.

그런데 나는 4·19 혁명 때 어린이들까지 거리로 나서서 시위를 했다는 사실은 전혀 모르고 있었어요. 그러다 보니 어린이들의 시위 사진을 보고 의문을 가질 수밖에 없었지요.

'4·19 혁명 때 어린이들이 왜 시위를 했을까? 시위하는 어린이들과 4·19 혁명은 무슨 관계가 있을까?'

나는 이런 생각에서 그 사진에 얽힌 이야기를 취재하기 시작했어요.

알고 보니, 사진 속 어린이들은 당시 서울 종로구에 있던 수송국민학교('국민학교'는 지금의 '초등학교'를 일컫던 이름) 고학년 어린이들이었어요. 1960년 4월 19일에 학교 수업을 마치고 집으로 가던 수송국민학교 6학년 전한승 군이 시위 현장에서 경찰의 총을 맞고 숨지자, 4월 26일에 같은 학교 어린이들이 덕수궁 앞으로 시위를 하러 나온 것이었지요.

4·19 혁명 때 경찰의 총에 맞아 숨진 시민들 중 어린이가 있었던 것을 까마득히 몰랐던 나는 큰 충격을 받았어요. 이때 희생된 국민학생이 전한승 군을 포함해 다섯 명이나 된다는 통계를 접하고서는 더더욱 놀랐고요.

하굣길에 시위 현장을 지나가다가 경찰의 총격에 죽은 동무의 억울함을 호소하고자 수송국민학교 어린이들이 시위에 나섰다는 사실은 내게 더 큰

충격이었어요. 당시 수송국민학교 4학년이었던 강명희 양이 4·19 혁명의 모습을 그린 시를 발표했다는 것도요.

그때부터 나는 4·19 혁명과 어린이들의 이야기를 담은 역사 동화를 써야겠다고 마음먹었어요. 우리나라 민주주의를 싹틔우고 꽃피우는 일에 우리 어린이들도 작지만 소중한 씨앗이 되었다는 걸 알리고 싶어서요.

다만 이 작품 《사월의 노래》에 나오는 등장인물은 실제로 존재했던 인물이 아니고 작가인 내가 만들어 낸 인물이에요. 주인공인 엄승호의 학교나 집에서 벌어지는 일들 역시 4·19 혁명 당시의 역사적 상황을 바탕으로 해 상상해 낸 이야기이고요. 서울 종로구에 있던 수송국민학교가 1977년에 폐교됐다가 2001년에 서울 강북구에서 수송초등학교로 새로 문을 여는 바람에, 4·19 혁명 당시 시위에 참여했던 어린이들의 기록이나 실존 인물을 찾기 힘들었기 때문이에요.

모쪼록 여러분이 《사월의 노래》를 읽고 4·19 혁명이 우리나라 민주주의의 밑거름이 되는 매우 중요한 사건이었다는 걸 알게 되면 좋겠습니다. 또한 당시의 어린이들이 우리나라 민주주의를 꽃피우는 작지만 소중한 씨앗이 되었다는 것도 함께 알게 되기를 바랍니다.

4·19 혁명 59주년을 맞이한 2019년 4월에,

신현수

차례

작가의 말	4
투표소 광경	11
머슴이 될 거라고?	24
총탄이 지나간 자리	40
호외요, 호외!	52
뒤숭숭한 날들	60
그날의 눈물	71
흰나비가 포르르	85
놀라운 소식	96
사월의 노래	103

투표소 광경

대문 너머에서 확성기 소리가 요란스레 들려왔다.
"시민 여러분, 오늘은 대통령, 부통령 선거가 있는 날입니다. 여러분의 소중한 한 표를 꼭 행사하시기 바랍니다!"
방에서 만화책을 보던 승호는 얼른 마루로 나갔다. 마침 엄마가 부엌에서 연탄재를 집게로 집어 들고 나오며 말했다.
"선거 홍보 차가 골목길까지 돌아다니나? 하나 마나 한 투표, 하기도 싫구먼."
"왜요, 엄마? 투표소 안 가려고요?"
승호는 놀라 물었다. 엄마를 따라 투표소에 가려고 아까부터 기다렸기 때문이다.
"안 갈 수야 있니? 투표 안 하면 가게도 못 하게 한다는데……."
엄마는 시큰둥하게 대답하곤 연탄재를 대문 밖에 내어놓고 들어왔다. 승호는 다행이다 싶으면서도 의아했다.
'투표는 자유 아닌가. 투표 안 한다고 왜 장사를 못 하게 하지?'

궁금해서 물어보려는데 엄마의 핀잔이 날아왔다.
"엄승호, 또 만화책 봤구나? 이제 5학년인데 공부를 해야지, 공부를."
아뿔싸! 방에 놓고 나왔어야 했는데 만화책을 손에 들고 있었다. 요즘 승호는 만화방에서 빌려 온 만화책을 끼고 산다. 하지만 여고 우등생인 누나와 일류 대학에 다니는 막냇삼촌 때문에 공부만 생각하면 한숨이 나온다.
"알았어요. 공부도 열심히 할게요."

승호가 까까머리를 긁적이는데, 대문을 삐거덕 열고 안성댁이 들어왔다.
"형님, 준비 다 됐수? 얼른 투표소 갑시다!"
안성댁은 승호네 가게인 '만복설렁탕' 맞은편에서 구멍가게를 하는데, 6.25 전쟁 때 남편을 여의고 남매를 키우며 산다. 승호가 친형처럼 따르는 명규와 친동생처럼 예뻐하는 명혜 남매다.
엄마가 몸뻬에 묻은 연탄재를 툭툭 털며 대꾸했다.
"바빠 죽겠는데 투표하러 갈라니 열불이 나네. 어차피 대통령이야 이승만 박사고, 부통령도 이기붕 씨가 빤하잖아."
"투표도 안 끝났는데 어떻게 결과를 알아요?"
승호가 신발을 꿰신으며 묻자 엄마가 이마를 콩 쥐어박았다.
"오만 데 다 끼어드네. 너는 몰라도 된다."
"승호 말이 백번 맞지요. 투표를 해야 결과를 아는데, 엉터리 선거라 그렇질 않으니……. 근데 할머니는 안 나오시나?"
안성댁 말을 기다리기라도 한 듯, 할머니가 두루마기에 털 목도리까지 하고 마당으로 내려섰다.
"에미야, 투표 안 했다가 미운 털 박히믄 우리만 손해데이. 솔직히 이승만 박사만 한 사람이 있나? 그라고 오늘은 고무신을 준다매. 접때는 비누 표랑 밀가루 표랑 주더니……. 퍼뜩 가서 자유당 찍고 고무신도 받아 오자."

'누가 비누 표랑 밀가루 표를 줬다는 거지? 투표하면 고무신은 왜 주고?'

승호는 궁금했지만 입을 다물었다. 엄마한테 핀잔만 듣고 투표소도 못 따라갈 것 같아서였다.

"알았어요, 어머니. 승호 넌 집 잘 지키고 있거라."

"나도 투표소 갈 건데! 구경하러."

승호 말에 엄마가 눈을 휘둥그레 떴다.

"구경은 무슨 구경. 뭔 좋은 꼴을 본다고!"

"나도 우리 애들한테 투표소 얼씬도 말라고 했수."

안성댁까지 거들었지만, 할머니는 덥석 승호 손을 잡았다.

"투표소도, 선거 귀경도 다 공부여. 델꼬 가자."

"어머니도, 공부는 무슨 공부가 되겠어요. 애비도 승호, 투표소 데리고 가지 말라고 했어요."

"괘않다. 애비야 벌씨로 가게에 나갔는디 승호를 델꼬 갔는지 두고 갔는지 우예 알겠노. 가자, 승호야."

할머니가 승호 손을 잡고 성큼성큼 대문을 나섰다. 엄마도 더는 뭐라 못 하고 겉옷을 챙겨 입고 나왔다.

강당 공사를 한다며 학교가 문을 닫아 승호는 오늘 명규와 명혜, 단짝인 정택이와 함께 만화방에 가기로 했다. 가는 김에

만화방 근처에 있는 투표소도 구경하기로 했고…….

명규는 승호보다 한 학년이 높고, 명혜는 한 학년이 낮다. 그런데도 넷은 등교도 같이하고 곧잘 어울려 다닌다. 한 골목에 사는 정택이도 명규를 잘 따르는 데다, 명혜가 오빠들 사이에서 깍두기처럼 끼어 노는 걸 좋아해서다.

골목길로 나서자 찬바람이 휭 불어왔다. 삼월 중순이어도 날씨가 아직 쌀쌀했다.

공터 옆을 지나가는데, 여자애들이 노래를 불러 대며 팔딱팔딱 고무줄놀이를 하고 있었다.

무찌르자 공산당 몇천만이냐, 대한 남아 가는 길 저기로구나.
나아가자 나아가 승리의 길로, 나가자 나가자 자유의 길로.

뜻은 잘 모르지만, 승호도 할머니 손을 잡은 채 흥얼흥얼 따라 불렀다. 요새 애들치고 저 노래를 모르는 아이는 없다.

어느새 투표소인 동사무소 앞에 다다랐다. 셋씩 다섯씩 짝을 지은 어른들이 투표소로 줄줄이 들어가고 있었다.

안마당으로 들어서자마자 술 냄새가 확 끼쳤다. 붉은 동백꽃이 활짝 핀 꽃밭 앞에서 아주머니들이 어른들에게 막걸리를 퍼 주며 열심히 외쳐 대고 있었다.

"자유당 찍는 거 알지요?"

"기호는 1번! 자유당은 1번!"

'자유당', '반공청년단'이라 적힌 완장을 찬 우락부락한 남자들이 곳곳에 지켜 서 있는가 하면, 확성기에 대고 시끄럽게 외치기도 했다.

"이승만 박사를 대통령으로! 이기붕 선생을 부통령으로!"

"트집 마라 건설이다! 나라 건설은 자유당!"

낯선 광경에 승호는 어리둥절했다. 그때 자유당 완장을 찬 아저씨가 오더니 어머니와 할머니, 안성댁한테 검정 고무신을 한 켤레씩 나눠 주며 말했다.

"고무신도 나눠 줬응께 싸게싸게 투표하고 오쇼잉. 셋이서 짝 맞춰 드가서 붓두껍을 1번에 따악 눌러 찍고, 그담에 으짜라고 했지요?"

"투표용지 서로 확인하고 자유당 참관인한테 보인 다음에 투표함에 넣으라면서요."

"오매! 안성댁 겁나 똑똑하네잉."

완장 아저씨가 헤벌쭉 웃는데, 선거 안내원이 돌아다니며 아이들을 단속하기 시작했다. 국민학생 이상은 기표소에 못 들어간다는 것이었다.

엄마가 잘됐다는 듯 승호 등을 떠밀었다.

"들었지? 넌 얼른 집에 가서 숙제나 해라. 우린 투표하고 가게로 갈 테니."

기표소 안까지 구경하고 싶었지만 어쩔 수 없었다. 승호는 알았다고 하곤, 몰래 마당 한구석으로 갔다.

엄마와 안성댁이 할머니를 모시고 기표소로 들어갔을 때였다. '민주당' 완장을 찬 남자들이 마당 한복판에서 구호를 외치기 시작했다.

"사전 투표 웬 말이냐! 부정 선거 몰아내자!"

"이번 선거는 무효다! 민주 선거 다시 하자!"

그러자마자 자유당 완장을 찬 남자들이 민주당 사람들에게 달려들었다.

"빨갱이 새끼들이 어데서 깝치노? 주둥이 닥치게 해 주까?"

"다 뭉개 버려! 한 줌밖에 안 되는 자식들이!"

민주당원과 자유당원 여럿이 한데 엉겨 붙으며 몸싸움이 벌어졌다. 민주당 쪽은 숫자로나 체격으로나 자유당의 상대가 되지 않았다. 자유당원들은 민주당원들을 땅바닥에 패대기치곤 주먹으로 갈기고 마구 짓밟았다. 민주당원들은 금세 피투성이가 되고 말았다.

승호가 놀라 눈이 휘둥그레져 있는데, 누가 어깨를 툭툭 쳤다. 키가 크지 않은데도 늘 단단해 보이는 명규가 갈래머리 명

혜 손을 잡고 서 있었다.

"승호 일찍 왔네."

"어, 형 왔어? 명혜도 왔구나!"

구원군을 만난 듯 승호는 명규와 명혜가 반가웠다.

"엄마가 투표소 못 오게 해서 몰래 오느라고 쫌 늦었어."

"들었어, 형. 어른들은 투표하러 들어갔어. 국민학생은 기표소까지는 못 들어간대."

"그래? 근데 투표소가 왜 이러냐? 이래서 엄마가 못 오게 했나?"

명규가 안경 너머로 걱정스러운 표정을 지었다. 승호도 고개를 끄덕거렸다.

"그러게. 괜히 왔나 봐, 형."

명혜가 겁먹은 얼굴로 명규 소맷자락을 잡아당겼다.

"무섭다 오빠, 우리 만화방이나 가자."

"그럴까? 그게 낫겠다."

마침 정택이도 헐레벌떡 뛰어왔다. 넷은 얼른 투표소 마당을 나와 만화방으로 향했다.

몇 걸음 걷지 않아 명혜가 말했다.

"오빠들. 우리 4월에 창경원 벚꽃 놀이 가기로 한 거 안 잊었지?"

"당연하지! 그걸 어떻게 잊냐? 작년부터 벼렀는데."
정택이가 대답하자 명혜가 신나하며 발을 굴렀다.
"좋아라! 얼른 4월 되어서 벚꽃 피면 좋겠다."
"그렇게 좋아, 명혜야?"
명규의 말에 명혜가 고개를 세게 주억거렸다.
"그럼! 얼마나 가고 싶었는데."
 4월 중순에 창경원에서 하는 벚꽃 놀이는 남녀노소 누구나 가고 싶어 하는 최고의 봄나들이거리였다. 창경원을 여태 한 번도 못 가 본 넷도, 올해는 꼭 가려고 돈을 알뜰살뜰 모으고 있었다.
"난 창경원 가면 코끼리랑 원숭이부터 볼 거다."
정택이 말에 명혜가 들뜬 목소리로 재잘거렸다.
"난 하마랑 공작새. 엄마한테 김밥이랑 찐 계란이랑 사이다 싸 달래서 가야지! 얼마나 재미있을까."
승호도 신나서 소리쳤다.
"그래, 전차 타고 가자! 창경원 앞까지."

 그날 밤, 책가방을 싸다 말고 승호는 가게로 갔다. 낮에 필통을 가게에 두고 온 게 생각났기 때문이다.
 여느 날 밤보다 '만복설렁탕'은 꽤나 북적거렸다. 일손이 재

바르기로 유명한 엄마와 할머니가 절절맬 정도였다. 그런데도 아버지는 불콰해진˙ 얼굴로 단골손님들 사이에 끼어 앉아 이야기만 하고 있었다.

승호가 온 걸 보고 엄마가 막걸리 주전자와 김치보시기˙를 내밀었다.

"승호야, 좀 거들련? 이거 저쪽 손님상에 갖다 드려라."

"예. 알았어요."

승호는 주전자와 보시기를 받아 손님상에 공손히 갖다 놓았다.

다른 때 같으면 "밤톨만 한 게 심부름도 잘하네.", "똘똘하게 생겨갖고 기특도 하네." 하며 한마디씩 할 손님들이건만, 오늘은 승호는 본 척 만 척 이야기를 나누느라 여념이 없었다.

"이승만 박사도 팔십 노인네가 그만큼 해 먹었음 됐지, 3인조, 5인조 투표가 말이 돼? 날강도도 아니고."

"불법 선거로도 모자라 민주당 사람들을 개 패듯 팬 건 못 봤소? 세상에 무슨 이런 투표가 있나?"

"자유당 득표율이 100프로여서 투표함을 불태운 곳도 있다는군. 부정 선거 들통날까 봐."

***불콰하다**: 얼굴빛이 술기운을 띠거나 혈기가 좋아 불그레하다.
****김치보시기**: 김치를 담아 먹는, 주발보다 작은 모양의 그릇

"함부로 입 놀리지들 말어. 빨갱이로 몰리믄 으짤라고."

"맞어. 자유당에 반대만 하면 무조건 빨갱이로 몰아 버리니 무섭다니까."

어른들이 저마다 열불을 냈지만 승호는 대체 무슨 소리인지 알 수가 없었다.

그때 가게 문이 열리며 막냇삼촌이 뛰어 들어왔다.

"큰일 났습니다! 마산 시민들이 들고 일어났는데, 경찰이 총 하고 물대포를 쏴서 사람들이 죽고 난리가 났답니다!"

승호는 깜짝 놀랐다. 마산이라면 큰아버지네가 사는 곳인데! 사촌 동생 승혁이도 걱정되었다.

"뭐라캤노? 어데서 난리가 났다고?"

할머니가 눈이 휘둥그레져서 주방에서 나왔다. 막냇삼촌이 찬찬히 설명하자 할머니는 의자에 털썩 주저앉았다.

"아이고, 승혁이네 아모 일 없으까? 우야든동 갸들이 무사혀야 하는디……."

"어무이, 별일 없을 낍니더. 내일 날 밝자마자 전보 쳐 볼 테이, 맘 졸이지 말고 기다리시소."

아버지 말에 할머니가 고개를 끄덕끄덕했다.

"하모, 그래야제. 아모 일 없어야제."

승호도 할머니와 똑같은 마음이었다.

머슴이 될 거라고?

'오늘 잘할 수 있을까? 이번엔 꼭 되면 좋겠는데…….'

승호는 교복을 입으면서도 긴장이 되었다. 새 학년 급장 선거를 하는 날이기 때문이다.

정택이가 급장 후보로 추천해 준다고는 했지만 자신이 있는 것은 아니었다. 다른 후보가 누구일지도 모르는 데다, 4학년 때도 다섯 표 차이로 미끄러졌기에 더 그랬다. 그래도 후보 연설은 밤새 열심히 연습했다.

책가방을 들고 마루로 나가니 마당엔 봄비가 내리고 있었다. 누나가 방에서 후닥닥 나오더니, 급히 신발을 꿰신고 인사했다.

"학교 다녀오겠습니다!"

엄마가 우산을 건네주며 말했다.

"잘 다녀오렴. 근데 너희 학교는 별일 없니? 부정 선거 때문에 중·고등학생들까지 데모를 한다던데, 여학생들까지도."

"예……. 우리 학교는 별일 없어요."

누나가 대답하는데, 아버지와 할머니가 나란히 마루로 나왔다.

"승희 넌 데모니 뭐니 관심 가지모 안 된데이. 학생은 공부만 열심히 하면 되는 기라."

"알겠어요, 저 늦어요. 갈게요."

누나가 급히 대문을 나가자 이번엔 막냇삼촌이 허둥지둥 방에서 나왔다.

"막내, 니도 마찬가지데이. 고생고생해서 명문대 들어갔는데 데모대에 어울려 댕기모 큰일 난데이. 공든 탑 한순간에 무너지는 기라."

"하모! 접때 마산서 난리가 났다길래 승혁이네한티 뭔 일 생긴 줄 알고 월매나 놀랐던지. 아모 일 없었으니 다행이제, 늙은 에미 놀래키면 안 된데이."

아버지와 할머니가 한마디씩 하자, 삼촌이 대답하면서 대문을 나갔다.

"예, 걱정 마세요. 저 갑니다!"

승호는 고개를 갸우뚱했다.

'데모가 뭔데 아버지랑 할머니가 저렇게 반대하지? 나쁜 거라서 그렇겠지?'

어쨌든 모범생인 막냇삼촌과 누나가 나쁜 일에 낄 리는 없

25

으니 걱정할 건 없을 것 같았다.

곧 승호도 어른들에게 인사하고 대문을 나섰다. 옆집에서 명혜와 명규도 나오고 있고, 정택이도 헐레벌떡 빗속을 뛰어왔다. 넷은 나란히 학교로 향했다.

집이 있는 충정로에서 수송동에 있는 학교까지 가려면 20분은 족히 걸렸다. 빗길이라 땅이 질척거려 오늘은 여느 때보다 더 서둘러야 했다. 그래도 넷은 우산 박치기도 하고 신발로 빗물도 튕겨 가며 재미나게 학교로 향했다.

골목길을 지나 세종로로 막 빠져나왔을 무렵, 승호가 명규에게 물었다.

"형네도 급장 선거 하지? 형도 나가지?"

"맞다! 형은 4학년, 5학년 때 계속 급장했으니까 이번에 나가도 또 될 텐데."

정택이도 덩달아 궁금해하자 명혜가 고개를 저었다.

"아니. 울 오빠, 올해는 급장 안 나가."

"왜?"

"오빠 내년에 중학교 가잖아. 그래서 올해는 공부만 열심히 할 거래. 좋은 중학교 가야 나중에 훌륭한 경찰 된다고."

"급장 하면 공부 못 하나, 뭐?"

승호가 되묻자 이번엔 명규가 대답했다.

"당연하지. 급장 하면 신경 쓸 일도 많고 공부 시간도 뺏기니까. 엄마도 올해는 내가 급장 하는 거 별로래."

"아, 그렇구나."

승호는 이해가 되었다. 서울에서 이름난 중학교는 경쟁률도 높고 입학시험도 어려워서 공부를 퍽 잘해야만 들어갈 수 있다. 명규도 제법 공부를 하는 편이라, 안성댁도 기대를 많이 했다.

그런데 한 가지 궁금한 게 있었다. 승호는 물을까 말까 망설이다가 말해 버렸다.

"근데 형, 마산에서 경찰이 총 쏴서 사람들 죽었다는 거 들었지? 그래도 경찰 할 거야?"

승호는 만화가가 되는 게 꿈이지만, 명규처럼 경찰에도 관심이 있었다. 특히 기마경찰대가 학교 근처에 있었기 때문에 기마경찰이 되는 것도 괜찮겠다고 생각했다. 하굣길에 기마경찰대에 살그머니 들어가 구경하노라면, 각진 제복을 입고 말을 타고 걷거나 힘차게 달리는 경찰들 모습이 그렇게 근사해 보일 수 없었다.

그런데 경찰이 총을 쏴서 멀쩡한 시민을 죽였다니, 승호는 이해가 가지 않았다. 그래서 명규에게 물어본 것이었다.

"그러니까. 경찰이 왜 그랬는지 모르겠어."

명규가 풀 죽은 목소리로 대답하는데 명혜가 끼어들었다.

"난 안 믿어. 설마 경찰 아저씨들이 사람을 죽였을까. 그리고 우리 오빠는 꼭 경찰 될 거야. 울 오빠 경찰 되면 얼마나 멋있을까?"

정택이도 맞장구쳤다.

"명규 형은 경찰 제복 입으면 진짜 멋질걸! 근데 총 쏜 경찰이 나쁜 게 아니라, 그렇게 하라고 시킨 사람이 나쁜 거래. 우리 아버지가 그랬어."

명혜가 쌍꺼풀진 눈을 동그랗게 떴다.

"진짜? 총 쏘라고 누가 시켰는데?"

"그게 누구냐면……."

정택이가 대답을 하려는데 명규가 말꼬리를 돌렸다.

"참, 승호 너, 정택이가 급장 후보로 추천한다며? 이번엔 꼭 급장 되라! 작년처럼 떨어져서 속상해하지 말고."

"어? 알았어. 형 고마워!"

승호는 경찰 얘기를 괜히 꺼냈나 싶어 얼른 대답했다. 왠지 명규에게 미안한 마음도 들었다.

잠시 뒤 학교에 도착했다. 승호는 명규, 명혜와는 헤어지고 정택이와 함께 5학년 교실로 갔다.

그런데 교실로 들어가자마자 분위기가 시끌벅적했다. 황도환이 커다란 봉지 두 개를 양손에 든 채 교단에 서 있고, 그 앞에서 아이들이 티격태격하며 서로를 밀치고 있었다.

"비켜, 내가 먼저라고!"

"왜 이러셔. 내가 먼저거든."

아이들이 옥신각신하자 도환이가 봉지를 흔들어 대며 말했다.

"왜 이래? 질서를 지켜야지, 질서를! 한 명도 안 빠트리고 줄 거니까 줄을 서!"

그러자마자 아이들이 도환이 앞에 길게 줄을 서기 시작했다.

도환이가 손에 든 봉지는 미제 초콜릿과 캐러멜 봉지였다. '만복설렁탕' 단골손님인 미군한테 몇 번 받은 적이 있어 승호는 금방 알아보았다. 그렇지만 도환이가 아이들에게 왜 초콜릿과 캐러멜을 나눠 주는지는 알 수가 없었다.

정택이가 아이들에게 물어보고 오더니 나직이 말했다.

"승호야. 황도환 쟤, 급장 선거 나온대. 그래서 애들한테 죠코레토하고 캬라멜 주는 거래. 저를 급장으로 찍으라고. 말이 되냐?"

"그런 게 어딨어? 반칙이잖아."

승호가 어이없어 하자, 정택이는 다른 얘기까지 전했다.

"그치? 다른 애도 급장 선거 나오려고 했는데 포기한대. 나가 봤자 안될 게 뻔하니까 죠코레토랑 캬라멜이나 먹는다고."

미제 초콜릿과 캐러멜은 대부분의 아이들이 한 번도 먹어 보지 못했을 정도로 귀한 것이었다. 그렇지만 도환이는 그걸 애들한테 몇 개씩 나눠 줄 만큼 떵떵거리며 사는 부잣집 아들이다. 도환이 아버지가 자유당 국회의원에 학교 기성회 회장이고, 을지로에 있는 극장이 도환이네 거라는 걸 모르는 아이는 없었다. 그게 바로 녀석이 온 학교를 휩쓸고 다니며 시건방지게 굴어도 아이들이고 선생님이고 어쩌지 못하는 이유였다.

정말 도환이는 초콜릿과 캐러멜을 세 개씩 나눠 주며 아이들한테 단단히 다짐을 놓고 있었다.

"꼭 나 급장 찍어야 한다. 받아만 먹고 다른 사람 찍으면 도둑이고 사기꾼이여."

아이들은 입을 헤벌린 채 대답했다.

"걱정 마. 죠코레토랑 캬라멜도 받았는데 누굴 찍냐? 너 찍지."

"우리 반에 급장 할 애가 너 말고 누가 있냐? 급장 되면 원기소*랑 극장표도 꼭 줄 거지?"

도환이가 젠체하며 큰소리쳤다.

"당연하지! 우리 집에 널린 게 원기소에 극장표다 뭐."

승호는 기가 막혔다. 대통령, 부통령 선거를 할 때 어른들한

*원기소: 1960~70년대에 어린이들이 먹던 비타민 영양제

테 들었던 말과 투표소 광경도 떠올랐다. 자유당 후보 찍으라면서 설탕 표며 비누 표를 주었던 것, 투표소에서 고무신과 막걸리를 나눠 주던 광경 말이다.

보고만 있자니 너무 화가 났다. 승호는 도환이에게 가서 따졌다.

"황도환, 너 왜 반칙 쓰냐? 선거는 정정당당하게 해야지 왜 쬬코레토랑 캬라멜로 애들 꼬드겨?"

도환이가 승호를 내려다보며 피식 웃었다. 녀석은 승호보다 키도 한 뼘은 더 크고, 몸집도 우람했다.

"너 어른들 선거할 때 투표소 안 가 봤구나? 난 가 봤는데 운동원들이 자유당 찍으라면서 막걸리랑 고무신이랑 막 주더라. 어른들도 그러는데 나라고 왜 못 해?"

도환이 말에 녀석과 몰려다니는 아이들도 한마디씩 떠들어 댔다.

"맞아. 어른들 선거나 우리 선거나 똑같지 뭐. 울 엄마도 비누 표랑 설탕 표 받고 자유당 찍었다더라."

"울 할아버지는 투표소에서 막걸리를 다섯 사발이나 얻어 드셨대."

도환이가 승호를 삐딱한 눈길로 쳐다보며 다리를 건들거렸다.

"들었지? 물론 이런 거 안 줘도 애들이 나 찍겠지만, 찍어 주는 게 고마워서 미리 주는 것뿐이라고."

"그럼! 난 원래 도환이 찍으려고 했어."

"나도 나도!"

도환이 패거리들이 저마다 거드는데 한 아이가 불쑥 말했다.

"엄승호, 너도 급장 선거 나가려고 그러냐? 우리한테 줄 거 없으면 관둬. 괜히 나갔다가 떨어지지 말고."

도환이가 눈을 똥그렇게 떴다.

"아하, 승호 너도 급장 하고 싶어서 그러는구나. 몰랐네. 그럼 나랑 겨루자. 결과는 뻔하지만."

"뭐가 결과가 뻔해? 해봐야 알지."

승호가 핏대를 올렸지만 도환이는 눈도 깜짝하지 않았다.

"그래? 그럼 해보시든지."

그때 선생님이 교실로 들어왔다.

"왜 이리 시끄럽지? 모두 자리에 앉아라."

승호는 자리에 앉으며 고민했다.

'도환이 저 자식을 선생님한테 일러, 말아?'

그런데 정택이가 먼저 손을 번쩍 들었다.

"선생님. 황도환이 애들한테 쬬코레토하고 캬라멜 나눠 줬어요. 급장 선거에서 자기 찍으라면서요. 반칙이지요?"

선생님이 도환이를 쏘아보았다. 도환이는 당황하기는커녕 당당한 표정이었다. 초콜릿과 캐러멜을 우물우물 먹던 아이들만 선생님 눈치를 살피며 입을 꾹 다물었다.

하지만 선생님은 도환이한테는 한마디도 하지 않고 정택이만 나무랐다.

"손정택, 선생님이 뭐랬어? 자리에 앉으랬지?"

"네?"

"앉으라고! 급장 선거 해야지."

"저기 황도환이 반칙한 거는……."

"어허! 어서 앉지 못해!"

선생님의 불호령에 정택이는 움찔하며 자리에 앉았다. 승호는 답답하기만 했다.

'선생님은 왜 정택이를 혼내지? 황도환을 야단쳐야지. 선생님도 저러시는데, 차라리 선거에 안 나가는 게 낫겠다.'

아무리 생각해도 해보나 마나 지는 싸움이고, 하나 마나 한 급장 선거였다. 승호와 정택이 둘만 빼고 반 아이들 전부가 도환이한테 초콜릿과 캐러멜을 받았다. 게다가 녀석은 급장이 되면 원기소와 극장표까지 주겠다고 약속했다. 아이들은 도환이를 찍을 수밖에 없을 거다. 승호는 점점 마음이 쪼그라들었다.

'안 되겠다. 정택이한테 나를 급장 후보로 추천하지 말라고

해야겠어.'

비겁하지만, 후보로 나갔다가 떨어지느니 차라리 후보조차 안 하는 게 나을 것 같았다. 승호는 옆옆 자리에 앉은 정택이에게 고개를 돌렸다. 눈이 마주치면 급장 후보로 추천하지 말라고 신호를 보낼 생각이었다. 하지만 정택이가 계속 고개를 숙이고 있어 그마저도 뜻대로 안 되었다.

'후유, 할 수 없네. 정택이가 후보로 추천하면 그때 그만둔다고 하자.'

승호는 한숨을 내쉬며 이렇게 생각했다.

이윽고 급장 선거가 시작되었다. 선생님이 사회를 보는 가운데 도환이 패거리 중 하나가 도환이를, 정택이는 승호를 후보로 추천했다.

승호는 손을 번쩍 들고 일어나 말했다.

"선생님, 저는 급장 후보 안 하겠습니다. 포기하겠습니다."

선생님은 이유도 묻지 않고 고개를 저었다.

"황도환 단독 후보는 안 된다. 엄승호는 이미 후보 추천을 받았으니 그냥 하도록!"

"서, 선생님!"

승호가 소리쳤지만 선생님은 흑판에 분필로 '1번 황도환, 2번 엄승호'라고 큼직하게 써 버렸다. 승호는 입술을 깨물었다.

'내 의견은 완전히 무시하시네. 선생님 나쁘다. 그럼 나도 생각이 있지.'

이어서 후보 연설을 하는 시간이 되었다. 도환이가 먼저 연설을 시작했다.

"안녕하십니까, 급장 후보 1번 황도환입니다. 저는 5학년 1반 급장이 되면 선생님과 동무들을 위해 열심히 일하는 머슴이 되겠습니다! 매일 아침 일찍 교실에 와서 책걸상을 정리하고 청소 시간엔 누구보다 열심히 청소하며, 앞장서서 궂은일을 할 것입니다. 저를 꼭 찍어 주십시오!"

아이들이 박수를 치며 수군거렸다.

"와, 머슴이 된대. 거들먹거리기만 하는 줄 알았는데 아니네."

"그러니깐. 찍어야 할 이유가 있네."

"머슴이라니깐 막 부려 먹으면 되겠네."

그렇지만 고개를 갸우뚱하는 아이들도 더러 있었다.

"머슴이 될 거라고? 황도환이?"

"나는 쟤 말 못 믿어, 안 믿어."

연설을 마친 도환이가 의기양양한 표정으로 교단에서 내려오고 승호 차례가 되었다. 승호는 교단으로 나가, 조금 전 입술을 깨물며 생각했던 대로 말해 버렸다.

"후보 2번 엄승호입니다. 저는 후보를 포기합니다."

선생님은 눈을 휘둥그레 뜨긴 했지만 승호를 야단치지는 않았다. 아이들도 잠시 술렁거렸지만 승호가 왜 그러는지 알겠다는 표정들이었다.

결과는 예상한 대로였다. 쉰세 명 중 도환이가 마흔네 표를 얻어 급장이 된 것이다. 부급장 선거를 따로 하지 않아 승호는 자동으로 부급장이 되었다.

의아한 건 승호 이름이 다섯 표나 나왔다는 거다. 아무 이름도 적지 않은 무효표도 네 표나 나왔다.

'나랑 정택이 말고 누가 내 이름을 적었지? 무효표 낸 애들은 누구고? 우리 반 애들이 아주 바보는 아닌가 봐.'

엉망진창 선거 때문에 속이 상했지만, 승호는 조금은 위안이 되었다. 창밖에는 계속 비가 내리고 있었다.

총탄이 지나간 자리

"승호야, 퍼뜩 일나라. 마산 다 왔데이."

"벌써요?"

할머니 목소리에 승호가 눈을 번쩍 뜨자 앞자리의 누나가 뒤돌아보며 말했다.

"너 늘어져 자는 새에 다 왔어. 창밖 구경 한다더니 어느새 쿨쿨 자더라."

급장 선거를 하고서 닷새째 되는 토요일이었다. 할아버지 제사가 있는 날이라 승호네 식구는 기차를 타고 마산으로 향했다. 큰아버지 댁에서 제사를 지내기 때문이었다.

제사가 한밤중이라 하룻밤 묵은 뒤 일요일 아침에 서울로 돌아갈 계획이었다. 그래서 승호와 누나, 막냇삼촌은 오늘 학교를 하루 빼먹었고, '만복설렁탕'도 하루 문을 닫았다.

승호는 해마다 할아버지 제삿날을 기다렸다. 기차를 타고 마산에 가는 것도 좋고, 사촌 동생 승혁이를 만나 같이 노는 것도 좋고, 무엇보다도 학교를 하루 빼먹는 게 정말 좋았다.

기차 안에서 창밖 풍경을 구경하며 먹는 찐 계란과 사이다도 꿀맛이고…….

이윽고 기차가 멈추고, 승호네는 짐을 챙겨 기차에서 내렸다.

승호도 소풍 갈 때 쓰는 륙색을 어깨에 멨다. 륙색엔 승혁이한테 줄 연필 한 다스가 들어 있었다. 며칠 뒤면 승혁이 생일이라 아껴 모은 용돈으로 준비한 선물이었다.

개찰구를 나와 대합실로 나가자마자, 승혁이가 손을 흔들며 달려왔다.

"형! 승호 형!"

승혁이는 승호와 같은 해에 태어났고 같은 학년이지만, 생일이 다섯 달 늦어 승호더러 꼭 형이라고 부른다. 그렇지만 승호보다 키가 한 뼘은 더 크다.

큰아버지도 종종걸음으로 와서 할머니 손을 덥석 잡았다.

"어무이! 오시느라 고단하지예? 승호, 잘 있었나?"

"괜않다. 근디 바쁜데 뭐 하러 나왔노? 우리끼리 가모 될 낀데."

"제사 준비해야 해서 점심까정만 장사했어예. 퍼뜩 가입시더."

큰아버지가 푸근하게 웃으며 대답했다. 큰아버지네도 승호네처럼 설렁탕집을 하는데, 가게 이름은 '풍년설렁탕'이다.

곧 승호네는 걸어서 큰아버지 집으로 향했다. 버스를 타기에는 애매한 거리라 마산에 오면 이렇게 역에서 걸어갈 때가 많았다.

　아버지와 어머니가 할머니를 부축하며 앞장서 가고, 나머지 식구들은 짐을 든 채 조금 뒤처져 걸었다. 승호와 승혁이는 얘기를 나누느라 맨 뒤에서 따라갔다.

　그런데 마산역 광장이며 거리가 이상하게 어수선하고 삭막해 보였다. 곳곳에 불타거나 부서진 건물이 보이는 건 물론이고 행인들의 표정도 무겁고 침울해 보였다.

　　살인 경찰 물러가라
　　김주열을 찾아내라
　　부정 선거 다시 하자

　'김주열이 누구지? 왜 찾아내라는 거지?'
　곳곳에 걸린 현수막을 보며 승호가 궁금해하는데, 막냇삼촌이 큰아버지에게 물었다.
　"큰형님, 여태 김주열이를 못 찾은 거지요?"
　"하모! 주열이 어무이하고 마산 시민들이 눈에 불을 켜고 찾고 있지만 몬 찾았데이. 연못에 빠졌나 해서 연못물도 퍼냈는디 몬 찾았고. 마산은 폭풍전야라, 폭풍전야."

큰아버지가 심각한 얼굴로 대답하자, 누나 표정까지 어두워졌다.

"아직 못 찾았으면 죽은 건가요? 어쩜 좋아."

"그러니 말이다. 시신이라도 찾아야 할 긴데."

'죽어? 시신?'

승호는 승혁이에게 조그맣게 물었다.

"김주열이 누군데?"

승혁이가 입술을 벙싯거리며 나직이 대답했다.

"이따가 갈쳐 줄게, 형."

그러는 사이 승혁이가 다니는 국민학교가 나왔다. 승혁이네 학교 바로 옆에 큰아버지 집이 있기 때문이다.

그런데 이상한 광경이 눈에 띄었다. 승혁이네 학교 담벼락에 구멍이 숭숭 뚫려 있는 것이었다. 한두 개도 아니고, 열 개도 넘게.

"승혁아. 너네 학교 담장이 왜 이래? 이게 무슨 구멍이야?"

승호가 묻자 큰아버지가 헛기침을 하며 대신 대답했다.

"뭘 알라카노, 모르는 게 낫데이."

"큰형님, 총탄 자국 아니에요? 경찰이 승혁이네 학교 담장에 총을 쐈다고 들었는데."

막냇삼촌이 알은체를 하자 큰아버지가 한숨을 내쉬었다.

"후유, 왜 아니겄노. 이게 무신 일인지……. 왜놈들한테 시달린 거 잊을 만하이 이런 흉악한 꼴을 다 보고…….”

승호는 깜짝 놀랐다.

'국민학교 담장에 총을 쏴? 왜?'

"말로만 들었는데, 직접 보니 진짜 섬뜩하네요. 어떻게 이럴 수가 있나. 애들이 다니는 국민학교 담장에.”

막냇삼촌이 분개하자 누나도 한마디 했다.

"진짜 너무한다. 어떻게 애들 담장을 이런 꼴로 만들까?”

때마침 학교 교문이 나왔다. 승혁이가 큰아버지에게 말했다.

"아부지요, 승호 형이랑 학교에서 쪼매 놀다 갈게예.”

"승호 안 피곤하겄나? 기차 오래 타가 힘들 긴데.”

승호는 얼른 고개를 저었다.

"안 피곤해요, 큰아버지. 승혁이랑 놀다 갈게요.”

"그라모 해 떨어지기 전에 들어와라. 저녁 묵어야제.”

큰아버지 허락이 떨어지자마자 승혁이가 승호 손을 잡아끌었다.

어른들과 막냇삼촌, 누나가 저만치 멀어지자 승혁이가 학교 담장으로 승호를 데리고 갔다. 그러고는 뻥뻥 뚫린 구멍 중 한 곳에 손가락을 쑥 집어넣으며 말했다.

"승호 형. 이게 뭐냐모, 경찰이 총 쏜 자국이다. 총알이 뻥

뚫고 지나간 거제. 구멍이 열아홉 개나 된데이."

"열아홉 개나?"

"하모!"

열아홉 개나 되는 총탄이 담장을 뚫었다고 생각하니 승호는 무서웠다. 그런데 승혁이는 그 구멍에 아무렇지도 않게 손가락을 쑥 넣으니…….

"총탄 구멍에 손가락을 쑥쑥 넣네. 안 무서워?"

승호가 묻자 승혁이가 고개를 끄덕끄덕했다.

"첨에야 무서벘지. 근데 하도 마이 봐서 시방은 안 무섭다. 우리 학교 애들 다 그렇데이."

"그렇구나. 그럼 총 맞고 죽은 사람도 있겠네."

"억수로 마이 죽었제."

"직접 봤어?"

"아부지가 못 나가게 해서 그날은 몬 나가 봤는데 총소리 땜에 고막 찢어진 줄 알았데이. 전쟁 난 거 같았데이."

승혁이가 두 손으로 귀를 틀어막는 시늉을 했다.

"그랬겠다."

"담날 아침에 보이, 전봇대는 뽀사지고, 사방이 돌멩이 천지고, 이 앞이 온통 피바다인 기라. 우리 반 애들 중에는 누야 죽은 애도 있고, 삼촌 죽은 애도 있다."

승호는 뭣보다도 이유가 궁금했다.
"경찰이 왜 그랬는데? 왜 너네 학교 담장에 총을 쐈는데?"
"대통령이랑 부통령 선거하던 날 있제? 그 때 시민들이 데모를 하다가 경찰이 총을 쏘이 우리 학교로 피했거덩. 그래 경찰이 우리 학교 담장에 총을 쏜 기라. 데모대도 돌멩이 던지고, 파출소랑 경찰차에 불 지르고, 시청 유리창 박살 내고 그캤제."

"그랬구나. 근데 데모가 뭐야? 어른들도 데모 데모 하던데?"
　승호가 묻자 승혁이가 놀랍다는 듯 되물었다.
　"서울내기가 데모도 몰르나?"
　"서울내기라고 다 아나? 우리도 모르는 거 많다."
　"그게 뭐냐모, 내도 잘 모르지만…… 나라에서 잘못하는 게 있을 때 사람들이

뭉텅이로 모여서 똑바로 하라고 소리치고 그카는 기라카대."

"그럼 시민들은 왜 데모를 했는데?"

"그야 대통령, 부통령 선거 다시 하라고 데모했제."

"왜 선거를 다시 해?"

"부정 선거라서 그카제."

부정 선거, 부정 선거……. 어른들은 물론 동생인 승혁이까지 그 얘기를 하고 있었다. 승호도 이젠 그 말뜻을 어렴풋이 알 것 같았다.

"그럼 데모하는 사람들한테 왜 총을 쏘지? 데모가 나쁜 건가? 엄마랑 아버지랑 할머니랑, 누나하고 막냇삼촌한테 데모하지 말라고 막 야단하던데."

"내는 모르겠다. 근데 총뿐 아니데이. 경찰이 최루탄이라카는 것도 막 쐈데이."

"최루탄?"

"응, 데모 몬 하게 할라고 쏘는 건데, 그걸 한번 쏘믄 가스가 확 퍼져서 눈도 몬 뜨고 콜록콜록하믄서 죽을 지경이 된데이. 최루탄 가스가 억수로 맵거든."

듣는 것만으로도 겁이 나 승호는 몸을 부르르 떨었다. 마산이 아니라 서울에 살아서 다행이라는 생각도 들었다. 그런 무서운 꼴을 안 봐도 되니까. 경찰이 총을 쏘고, 사람이 죽는 걸 안 봐도 되니까.

"인자 이바구는 고만하고 놀기나 하자."

승혁이가 말하며 승호 손을 잡았다. 둘은 교문 안으로 들어섰다.

플라타너스와 포플러 나무가 우거진 운동장 뒤쪽에선 아이들이 군데군데 모여 신나게 놀고 있었다. 남자애들은 말타기며 구슬치기, 자치기를 하고, 여자애들은 고무줄놀이며 공기놀이, 땅따먹기를 하느라 한창이었다. 짓궂은 남자애들은 여자애들이 놀이하는 고무줄을 칼로 끊고 잽싸게 후다닥 도망치기도 했다.

그때 승혁이가 문득 생각난 듯 말했다.

"참, 아까 김주열이 형 물어봤지?"

"어, 그래."

"그 형이 누구냐모 고등학생 형인데, 대통령 선거 날에 데모를 하다가 행방불명이 된 기라. 근디 지금까지 몬 찾았어. 없어진 지 한참 됐는디."

"그럼 어떻게 된······."

승호가 좀 더 물어보려는데, 남자애들 한 무리가 우르르 이쪽으로 왔다.

"엄승혁! 뭐 하노? 우리랑 놀자!"

"우리 딱지치기할 긴데."

"그래?"

승혁이가 바지 주머니에서 두툼한 딱지를 여러 장 꺼내더니, 승호에게 물었다.

"우리 반 애들이다. 같이 놀래?"

승호가 고개를 끄덕이자, 승혁이가 소개를 했다.

"서울서 온 사촌 형이데이. 이름은 엄승호. 학년은 같지만 내한테는 형이다. 너그들도 형이라고 불러."

아이들이 손을 내저으며 야유했다.

"싫다! 학년이 같은데 우째 형아고?"

"맞데이. 니한테는 몰라도, 우리한테는 형 아니다."

승호가 빙그레 웃으며 아이들 편을 들었다.

"같은 학년이니까 형 아니지. 그냥 엄승호라고 불러."

"우아! 서울내기 아쌀하네*."

승혁이 동무들이 좋아하며 손뼉을 쳤다.

*아쌀하다: 일본어 '앗싸리'에서 온 사투리로 깨끗하다, 딱 부러지고 화끈하다는 뜻이다.

호외요, 호외!

 마산에서 돌아온 이튿날이었다. 승호가 등교해 자리에 앉으려는데, 도환이가 교실 문 앞에서 소리쳤다.
 "박기욱! 너 이리 와 봐!"
 기욱이가 화들짝 놀란 표정으로 도환이에게 갔다. 할머니와 단둘이 살고 몸이 약한 기욱이는 언제나 잔뜩 주눅이 들어 있는 아이였다.
 "너, 우리 집 알지? 가서 내 산수 공책 좀 갖다 줘. 우리 엄마한테 말하면 주실 거야. 숙제한 걸 놓고 왔어."
 도환이 말에 기욱이가 울상을 지었다.
 "쫌 있으면 조회 시작하는데……. 선생님이 출석 부를 텐데."
 "그러니까 네가 가야지. 난 애들 경례시켜야 되잖아. 선생님한테 잘 말씀드릴 테니 걱정 말고."
 도환이가 어찌나 당당하던지 기욱이는 더 말도 못 하고 안절부절못했다. 승호는 보다 못해 도환이한테 가서 따졌다.
 "기욱이가 네 종이냐? 네 공책을 왜 기욱이한테 갖다 달래?

경례는 내가 시킬 테니까 네가 가."

"싫거든. 경례는 부급장이 아니라 급장이 하는 거거든."

도환이가 싱글거리더니 다시 기욱이에게 우격다짐을 놓았다.

"야, 너 안 가?"

기욱이가 겁먹은 얼굴로 말했다.

"아, 알았어. 얼른 갔다 올게."

"가지 말라니까. 기욱아."

승호가 말렸지만 기욱이는 허둥지둥 교실을 나가 버렸다. 그러자마자 도환이가 승호에게 시비를 걸었다.

"내가 심부름을 시키든 말든 뭔 상관이냐? 기욱이가 네 동생이라도 되냐?"

승호는 지지 않고 대들었다.

"몰라서 묻냐? 네 멋대로 애들을 부려 먹잖아."

"내가 뭘!"

"만날 궂은일은 애들 다 시키고, 청소 시간에는 감독만 하고. 이젠 네 공책까지 갖다 달래? 그게 머슴이야?"

승호가 소리치자 도환이가 멈칫했다.

"뭐? 머슴?"

"그래, 네가 우리 반 머슴이 되겠다고 했잖아. 까먹었냐?"

"내가? 그런 말 한 적 없는데?"

도환이가 눈도 깜짝 않고 대꾸하자 아이들이 속닥거렸다.

"급장 완전 오리발이네. 머슴 된다고 한 적이 없단다."

"미치겠다. 우리가 다 들었는데. 사실은 머슴이 아니라 왕이지 왕."

"그냥 왕이면 괜찮게? 왕 중에서도 독재자 왕이라니까."

"급장 되면 원기소랑 극장표도 준다더니 그것도 안 줬어. 거짓말쟁이."

"그래도 어떡하냐. 급장 눈 밖에 나면 없는 일까지 만들어 선생님한테 일러바치는데. 변소 청소도 시키고."

도환이가 수군대는 애들을 째려보며 소리쳤다.

"급장은 원래 그런 거야. 그러니까 급장 했지, 괜히 했겠냐? 먹을 것까지 주면서?"

시끌시끌한 교실에 1교시 시작종이 땡땡땡 울려 퍼졌다. 선생님이 출석부를 손에 들고 들어왔다. 선생님이 교탁 앞에 서자 도환이가 일어나 구령을 붙였다.

"차렷! 선생님께 경례!"

"선생님, 안녕하십니까!"

선생님이 인사를 받고서 교실을 휘둘러보더니, 기욱이 자리를 가리켰다.

"저기 빈자리, 누구 자리더라?"

"박기욱이요."

아이들이 대답하자 선생님이 고개를 갸웃했다.

"기욱이가 아직 안 왔어? 일찍 오는 애가 웬일이지?"

아이들 모두 도환이에게 눈길을 돌렸다. 도환이는 모르는 척, 딴전만 피웠다.

승호는 도환이가 얄미워 손을 번쩍 들었다.

"선생님, 기욱이는 지각이 아닙니다. 벌써 왔는데 급장이 심부름 시켜서 급장 집에 갔습니다."

"급장이? 무슨 심부름을?"

선생님이 물었지만 도환이가 입을 꾹 다물고 있자, 정택이가 손을 들고 말했다.

"자기 집에 가서 산수 공책을 갖고 오라고 했습니다. 숙제한 거 안 갖고 왔다고요."

"급장, 정택이 말이 맞나?"

선생님이 다시금 묻자 도환이는 고개를 뻣뻣이 들고 대답했다.

"예. 맞습니다."

그러자 선생님이 조금 엄한 표정으로 나무랐다.

"급장, 동무들한테 심부름 시키는 건 안 된다. 그런 거 하라고 동무들이 급장으로 뽑아 준 건 아니겠지? 머슴이 되겠다더니, 잊었나?"

도환이 얼굴이 확 구겨졌다. 승호는 웬일인가 싶었다. 선생님이 한 번도 도환이를 야단친 적 없었는데……. 속도 후련했다. 도환이 녀석의 잘못을 선생님에게 말하길 잘했다는 생각도 들었다.

기욱이가 헐레벌떡 뒷문으로 들어온 건 그때였다. 얼마나 급하게 뛰어왔던지, 땀을 비 오듯 흘리고 옷도 흠뻑 젖어 있었다. 기욱이는 선생님에게 인사한 뒤 도환이에게 산수 공책을 건네곤 자기 자리에 가 앉았다.

기욱이가 승호 옆을 지나가는데 쌕쌕거리는 거친 숨소리가 귓전에 그대로 들려왔다. 선생님은 기욱이를 안쓰러운 듯 쳐다봤을 뿐 아무 말씀도 하지 않았다.

오후에 학교가 파하자 승호는 여느 때처럼 정택이와 함께 집으로 향했다. 아침에는 명규 형과 명혜까지 넷이서 함께 등교를 하지만, 하교할 때는 시간이 안 맞아 이렇게 둘이서만 집에 올 때가 많다.

교문을 나서자마자 정택이가 신발 끝을 툭 차며 투덜댔다.

"요새 왜 이렇게 학교 다니기가 싫냐? 황도환 그 자식, 급장이면 다야? 왜 애들을 부려 먹어? 우리가 급장을 잘못 뽑았어."

승호는 발끈했다.

"우리가 뽑았냐? 황도환이 반칙 써서 된 거지. 선생님도 눈감아 주고."

"엄승호, 너 왜 나한테 화내냐?"

정택이가 서운한지 목소리를 높였다. 승호는 머쓱해서 머리를 긁적거렸다.

"너한테 화낸 거 아냐. 그래도 오늘은 선생님이 도환이 자식 좀 야단치더라. 웬일로······."

다행히 정택이 목소리도 조금 누그러졌다.

"선생님도 찔리겠지. 우리가 봐도 기욱이 불쌍하잖아."

조금 뒤, 전파사 앞을 지날 때였다. 평상에 내놓은 라디오에서 뉴스가 흘러나왔다.

"창경원 곳곳에 지난주부터 벚꽃이 개화하고 있습니다. 예년보다 빨리 벚꽃이 개화함에 따라 창경원에서는 4월 13일부터 28일까지 2주일 동안을 벚꽃 놀이 기간으로 정하고, 시민들이 안전하게 벚꽃 놀이를 즐길 수 있게끔 만전의 준비를······."

정택이가 환한 얼굴로 말했다.

"오늘이 11일이니까 이틀 뒤면 창경원 갈 수 있네. 우린 이번 주나 다음 주 금요일에 가자. 학교 끝나고."

승호도 선뜻 대답했다.

"좋아. 명규 형한테 말해서 날짜 정하자. 주말엔 미어터질 테니까."

"나는 벚꽃보다 동물원이 더 궁금해. 코끼리 코는 얼마나 긴지, 원숭이가 정말 사람을 닮았는지 보고 싶어."

"난 창경원 그 자체가 궁금해. 원래는 동물원이 아니라 임금님이 사시는 궁궐이었다잖아."

"진짜? 승호 넌 아는 것도 많다."

"많기는, 막냇삼촌한테 들은 거야. 근데 궁궐은 대체 어떻게 생겼을까?"

"그니까. 너무 궁금하다."

그때 신문팔이 소년이 옆구리에 신문 뭉치를 끼고 뛰어다니며 외쳤다.

"호외*요! 호외! 마산에서 학생 시신이 발견됐대요!"

승호는 발걸음을 뚝 멈췄다.

'마산에서 시신이? 혹시 김주열이라는 형 얘기인가?'

지나가던 어른들마다 걸음을 멈추고 소년에게 말했다.

"얘, 신문 좀 보자!"

"나도 하나 다오!"

어른들이 신문팔이 소년에게서 신문을 받아 들고는 이내 소

***호외**: 특별한 일이 있을 때에 임시로 발행하는 신문이나 잡지를 말한다.

리쳤다.

"마산서 오늘 밤 중대 사태? 행방불명된 소년 시신 발견?"

"김주열이 시신을 찾은 게야?"

정택이가 놀란 눈빛으로 승호를 보았다.

"네가 말한 그 형인가 봐."

승호는 한숨을 내쉬었다.

"그러게……."

오늘 아침 등굣길에 승호는 정택이와 명규, 명혜에게 승혁이한테 들었던 얘기를 해 주었다. 승혁이네 학교 담장이 총탄으로 뻥뻥 뚫린 얘기며, 김주열 형에 대한 얘기를…….

조금 전 창경원 얘기를 할 때만 해도 밝았던 둘의 얼굴은 다시금 어두워졌다. 둘은 아무 말 없이 천천히 발걸음을 옮겼다.

뒤숭숭한 날들

"숙제 끝! 우아, 기분 좋다."
"나도, 나도!"
승호가 기지개를 쭉 켜자, 명혜가 맞장구를 치며 따라 했다. 그런 둘을 보며 명규와 정택이가 빙그레 웃었다.
넷은 곧잘 이렇게 승호네 집에 모여 함께 숙제를 한다. 특히 오늘처럼 산수 숙제가 있는 날에는 거의 언제나……. 승호와 명혜는 산수라면 젬병인데, 정택이와 명규가 산수 박사라서 못 푸는 문제가 없는 까닭이다.
승호는 책상을 정리하고, 나머지 셋은 교과서와 공책을 책보에 쌌다. 그때 정택이가 말했다.

"아 참, 그 김주열이라는 형 눈에 박힌 게 최루탄이래."

승호도 고개를 주억거렸다.

"나도 사진 봤어. 진짜 끔찍하더라. 최루탄이 어떻게 사람 눈에 박히냐?"

명혜가 눈을 똥그랗게 떴다.

"최루탄? 데모대한테 쏜다는 그거 말이야? 누가 그런 건데?"

"경찰이지 누구겠냐?"

정택이가 대답하자 명혜가 진저리를 쳤다.

"정말? 경찰 나쁘다 진짜."

그러자 명규가 조금 성난 표정을 지었다.

"경찰이 하고 싶어서 했겠냐? 누가 명령을 내려서 그랬겠지. 경찰이든 군인이든 명령 없으면 절대로 못 움직여."

"오빠, 나 혼내는 거야?"

명혜가 발끈하자, 명규가 고개를 저었다.

"아니, 혼내는 게 아니라…… 오빠도 사실은 화가 나. 경찰이 그랬다는 게……."

"그렇지? 오빠 난, 경찰이 국민학교에까지 총을 쐈다는 게 젤 나쁘더라. 우리 학교 담장이 총탄으로 뻥뻥 뚫렸다고 생각해 봐. 난 생각만 해도 막 화나고 속상해. 작년에 우리 학교 불났을 때도 우리 전부 울었잖아."

듣고만 있던 정택이가 끼어들었다.

"명규 형 말도 맞아. 저번에 나도 말했잖아. 경찰이 나쁜 게 아니라 명령 내린 사람이 나쁘다고."

명혜가 다시 물었다.

"그 명령을 누가 내렸는데? 접때 대답 안 해 줬잖아. 정택이 오빠."

"이승만 할아버지겠지 뭐. 대통령 할아버지가 우리나라 이거잖아."

정택이가 엄지를 추켜올리자 명혜가 소리쳤다.

"말도 안 돼! 대통령 할아버지가 왜 그런 명령을 내려? 그럼 대통령 할아버지가 시민들을 죽였다는 거야?"

그러자 명규가 공책을 탁 소리나게 덮었다.

"어쨌든 난 경찰이 될 거야. 윗사람이 나쁜 명령을 내리면 못 한다고 할 거고! 그럼 됐지? 그러니까 그 얘긴 그만하고 집에 가자."

나머지 셋은 움찔해서 입을 다물었다. 명규의 표정이 너무 심각해 보였기 때문이다.

그리고 보니 어느새 들창 밖이 어두컴컴했다. 명규와 명혜, 정택이는 책보를 싸서 옆구리에 꼈다.

"형아, 명혜야, 잘 가! 정택이 너도!"

대문 앞까지 나와 승호가 배웅하자 명혜가 방그레 웃으며 손을 흔들었다.

"승호 오빠, 내일 봐! 내 꿈 꿔!"

"내가 왜 네 꿈을 꾸냐? 꿈 안 꾸고 푹 잘 거야."

"칫. 그러든가."

승호가 일부러 놀려 대자 명혜가 입술을 삐죽이며 가 버렸다. 명규와 정택이는 우스워 죽겠다는 얼굴로 승호에게 손을 흔들었다.

승호는 대문 빗장을 잠그고 방으로 와서 이부자리를 폈다. 그러고는 자리에 누우려다 다시 마루로 나왔다. 누나만 일찍 와서 방에 있고 할머니도, 엄마 아버지도, 막냇삼촌도 다 늦는 것 같아 왠지 기다려졌다.

'가게 문 아직 안 닫았나? 삼촌은 요새 계속 늦네?'

승호는 마루로 나가 까치발을 하고 대문 쪽을 바라보았다.
그때 대문 밖에서 갑자기 털썩 소리가 났다.
'뭐지? 무슨 일이지?'
승호가 목을 쭉 빼는데 무슨 소리가 들려왔다.
"으으윽. 승…… 승호야!"
"어? 막냇삼촌이잖아!"
승호는 쏜살같이 달려가 대문을 열었다. 역시나 삼촌이 대문 앞에 쓰러져 있었다.
"삼촌! 왜 이래!"
승호는 얼른 막냇삼촌을 일으켜 세웠다.
희미한 달빛 아래 삼촌의 모습이 눈에 들어왔다. 얼굴 곳곳이 상처와 피로 얼룩지고, 옷은 군데군데 찢겨 나간 모습이었다. 헐레벌떡 뛰어왔는지 숨도 몹시 가쁘게 몰아쉬었다.
"삼촌, 누가 이랬어! 삼촌 괜찮아?"
승호는 삼촌 등을 두 팔로 떠받친 채 울먹울먹했다. 막냇삼촌은 억지로 웃으며 승호를 안심시켰다.
"괜찮아. 뛰어오느라 힘이 빠져서 그렇지, 괜찮다."
"이렇게 다쳤는데? 병원 가자. 내가 데리고 갈게."
승호가 내처 말했지만 삼촌은 동문서답을 했다.
"할머니는 오셨니? ……엄마랑 아버지는?"

"아직 안 오셨어. 누나만 왔어."

"다행이구나. 그럼 누나 불러서 삼촌 좀 부축해 다오. 어른들 오시기 전에 빨리. 다리 힘이 빠져서 혼자는 못 걷겠다."

"알았어. 잠깐만."

승호는 얼른 마루로 뛰어가 할머니와 누나가 쓰는 방의 문을 벌컥 열었다.

"누나, 좀 나와 봐."

누나가 화들짝 놀라며 무언가를 얼른 감췄다. 태극기 같았다. 그리고 보니 한쪽 구석에도 태극기 여러 장이 널려 있었다. 평소와는 달리 누나가 짜증을 부렸다.

"너는 왜 남의 방문을 벌컥벌컥 여니? 기척도 안 하고. 왜, 무슨 일인데?"

"삼촌이 다쳤어, 얼른 나와."

"뭐어? 많이 다쳤어? 어디 있는데?"

누나가 허둥지둥 나와 대문으로 달려갔다.

"삼촌! 어떻게 된 거야. 병원 가야 하는 거 아냐?"

"그 정도는 아니다. 얼른 방으로나 데려다 다오."

"알았어. 승호야, 너도 좀 도와."

승호는 누나와 함께 삼촌을 부축해 건넌방으로 데리고 갔다. 불을 켜고 보니 얼굴 군데군데 상처가 나서 그렇지, 그리

심하게 다친 건 아니었다.

"삼촌, 약이라도 발라야겠어. 약상자 갖고 올게. 승호야, 넌 수건하고 세숫물 좀 받아 와. 얼굴도 닦아야지."

곧 승호는 세숫대야에 물을 떠 오고, 누나는 약상자를 가져 왔다. 둘은 삼촌의 얼굴을 조심조심 닦은 뒤 상처 난 곳에 정성스레 소독약을 발랐다.

"고맙다. 우리 조카들 다 컸네."

"고마우면 무슨 일인지 얘기나 해 봐. 데모했지, 삼촌?"

누나의 말에 삼촌이 고개를 끄덕였다.

"우리 학교 학우들이 마산 김주열 사건 때문에 평화 시위를 했단다. 그러고는 해산해서 학교로 돌아가는데 갑자기 깡패들이 나타난 거야. 몽둥이, 쇠파이프, 쇠갈고리, 삽, 닥치는 대로 들고서 말이다."

누나가 흥분해서 소리쳤다.

"깡패들이? 그래서?"

"그놈들이 몽둥이랑 쇠파이프 같은 걸로 우리를 막 때려 팼어. 난 많이 안 다친 편인데, 학우들이 걱정이다. 철철 피 흘리며 쓰러지고 완전 아수라장이었거든."

"그 깡패들이 누군데? 어디 소속인데?"

"반공청년단 아니면 누구겠니? 자유당이 시켜서 그랬을 거고. 반공청년단 그게 원래 깡패 조직이잖냐."

"왜 깡패들이 대학생한테 그런 짓을 해! 데모도 평화롭게 했는데!"

"그러니까 문제 아니니. 우리 학우들이 깡패들한테 당한 거, 낼 조간신문에 크게 날 거다. 기자들이 사진 찍고 취재하고 그랬거든. 승희 너도 몸조심해라. 아주 무지막지한 정부야. 절대 앞장서지 말고!"

그때 대문 밖이 왁자하면서 할머니와 엄마, 아버지가 들어오는 소리가 났다. 이내 건넌방 미닫이문이 열리며 아버지가 얼굴을 드밀었다.

"우예 승희까지 이 방에 있노? 어른들 오는데 내다도 안 보고?"

"아, 예. 형님. 죄송……."

삼촌이 얼버무리는데 아버지 눈이 휘둥그레졌다.

"막내야, 니 그 꼴이 뭐고? 어데 다친 게냐?"

"아, 아닙니다. 안 다쳤습니다."

"안 다치긴! 무신 일인지 퍼뜩 말하그라."

아버지가 다그치자 할 수 없이 삼촌은 아까 했던 얘기를 그대로 털어놓았다. 할머니와 엄마까지 놀란 얼굴로 들어와 섰다.

"데모를 했다고? 아이고, 내 몬 산다. 빨갱이나 하는 짓을 왜 하고 댕기나, 잡혀가믄 우얄라고?"
 할머니가 탄식을 했다. 승호는 깜짝 놀랐다.
 '데모를 하면 빨갱이라고? 그러면 막냇삼촌도 빨갱이라는 건가? 빨갱이는 북한 공산당 끄나풀인데?'
 승호가 말도 안 된다고 생각하는데, 누나가 목소리를 높였다.
 "할머니, 그 빨갱이 소리 좀 하지 마세요. 데모대는 빨갱이가 아니라, 민주주의를 위해 싸우는 사람들이라고요. 부정 선거에 반대하다 김주열 학생이 총탄에 맞아 죽었는데 어떻게 가만히 있어요? 일어나 싸워야죠."
 엄마가 세모눈을 뜨고 누나의 등짝을 후려쳤다.
 "이 기집애 좀 봐. 일어나긴 뭘 일어나? 딴 애들 일어나도 넌 안 된다! 그리고 어디 할머니한테 대들어?"
 누나는 입을 꼭 다문 채 대답하지 않았다. 엄마가 방바닥에 주저앉았다.
 "아이고, 승희야. 안 된다, 데모는 절대로 안 돼! 삼촌도 안 됩니다! 큰일 납니더!"
 아버지도 매서운 표정으로 누나와 막냇삼촌을 나무랐다.
 "둘 다 똑띡이 듣거래이. 데모대가 빨갱이가 아니라는 건 내도 안다. 그치만 월매나 위험하노? 데모하는 사람들을 무조건 빨갱이로 안 모나? 한번 빨갱이로 몰리모 인생 끝인 기라. 낼

부터 학교 끝나믄 냉큼 집으로 와. 알겠나?"

누나와 삼촌이 마지못해 고개를 끄덕끄덕하자 아버지가 이번엔 할머니에게 말했다.

"어무이는 그 빨갱이 소리는 하지 마소. 데모대가 빨갱이는 아니라예. 힘은 못 보태도 데모대를 빨갱이로 몰믄 쓰겠습니꺼?"

할머니가 멋쩍은 듯 머리를 긁적거렸다.

"내사 뭐 아나? 사람들이 하도 그래 싸니까 그란 줄 알제. 우야든동 데모니 뭐니 몰려 댕기지나 말거래이. 너그들 우예 되모 내는 몬 산다."

막냇삼촌이 어두운 표정으로 할머니를 안심시켰다.

"알겠습니다. 걱정 안 시키겠습니다."

승호는 뭐가 뭔지 알 수가 없었다. 언제부턴가 시내고, 집안이고, 가게고 할 것 없이 너무너무 어수선하고 뒤숭숭했다. 이런 적이 없었는데…….

그날의 눈물

이튿날은 4월 19일이었다. 푹 자고 나니 많이 괜찮아졌다며 막냇삼촌은 아침을 먹자마자 학교로 갔다.

"에구. 오늘은 학교 안 가모 좋겠고만. 막을 수도 없고."

"그러게요. 그래도 너모 염려 마시이소. 알아듣게 얘기했으이 몸조심할 겝니더."

밥상을 물리며 할머니와 아버지가 걱정을 했다. 조간신문에 삼촌네 학교 대학생들이 깡패한테 폭행을 당했다는 기사가 큼지막하게 나서 더 근심이 큰 것 같았다.

승호도 등교 준비를 하고 마루로 나왔다. 마침 누나가 방에서 나오며 말을 걸었다.

"승호 너도 몸조심해. 너네 학교가 시내 한복판에 있어서 걱정된다."

승호네 학교가 국회의사당*에서 경무대로 가는 길 가까이에 있어 하는 소리였다. 승호는 누나가 걱정해 주는 게 좋았지만

---

* 국회의사당은 지금은 서울 영등포구 여의도동에 있지만 그 당시에는 서울 세종로에 있었다.

부러 어깃장을 놓았다.

"누나나 조심해. 누나 학교도 경무대 코앞에 있잖아."

"짜식이! 넌 누나보다 어리고, 요새 데모 때문에 시내가 어지러우니까 하는 얘기지! 아무튼 안전, 또 안전! 알겠지?"

"알았어, 누나도 조심해."

"어쭈! 우리 승호가 누나 걱정을 다 하고. 든든하다, 든든해."

누나가 함박웃음을 지으며 승호 어깨를 끌어안았다.

학교 수업은 몹시 어수선했다. 교문 밖에서 함성 같은 게 자주 들려왔기 때문이다. 그 함성이 데모대의 소리라는 걸 아이들도 이제는 다 알고 있었다. 요즘 들어 교실까지 그런 소리가 자주 밀려 들어왔다.

오후로 접어들자 바깥은 더욱 소란스러워졌다. 함성 소리가 몇 배는 더 커진 것은 물론, 매캐한 공기까지 온 교정에 퍼졌다. 아이들은 모두 눈물을 흘리고 캑캑 기침을 해 대며 괴로워했다.

복도를 오가는 선생님들도 안절부절못하며 불안해하는 눈치였다. 승호네 선생님도 수업을 하는 내내 창밖을 기웃기웃했다.

산수 시간이었다. 선생님이 흑판에 산수 문제 다섯 개를 쓰더니 이름을 불렀다.

"김철수, 안요한, 최성일, 손정택…… 엄승호! 이상 다섯 명은 나와서 문제 풀도록! 문제를 못 푸는 사람은 오늘 복도 닦기 당번이다!"

'산수 박사'인 정택이만 빼고, 호명된 아이들은 울상인 채로 흑판 앞으로 나갔다. 복도 닦기 당번은 아이들이 변소 청소 당번 다음으로 싫어하는 일이었다. 무릎을 꿇고 앉아 마룻바닥에 초칠을 한 뒤 마른 걸레로 닦아 반들반들 광을 내야 하는데, 여간해선 마루에 광도 안 나고 무릎도 무척이나 아프기 때문이었다.

'후유, 오늘 복도 닦기 걸리겠네.'

승호도 이렇게 생각하며 흑판 앞으로 나가 분필을 집어 들었다.

그때였다.

"우우우…… 우우우……."

탕! 탕! 탕!

엄청나게 요란한 함성이 울리더니, 포탄 소리인지 총소리인지가 하늘을 갈랐다.

"엄마아!"

"으아악!"

아이들이 귀를 막으며 책상 위로 엎드렸다. 흑판 앞에 나와 있던 아이들도 무릎을 꺾고 몸을 바짝 낮췄다. 선생님이 밖을 살펴보더니 흑판 앞 아이들에게 말했다.

"모두 자리로 돌아가라. 문제 풀 때가 아닌 것 같구나."

승호와 아이들은 허둥지둥 돌아와 자기 자리에 앉았다. 그 순간, 고막을 찢을 듯 또다시 커다란 소리가 허공에 흩어졌다.

탕 탕 탕! 타타타탕!

아이들은 공포에 질린 얼굴로 몸을 낮췄다. 잠시 뒤 밖이 잠잠해진 듯하더니 노랫소리가 들려왔다.

"동해물과 백두산이 마르고 닳도록, 하느님이 보우하사 우리나라 만세, 무궁화 삼천리 화려강산……."

많은 사람이 합창하는 듯 노랫소리가 웅장하면서도 뚜렷하게 들렸다.

"총소리에 애국가까지. 무슨 일 났나 봐."

"무섭다. 오늘 무사히 집에 갈 수 있을까?"

아이들이 웅성웅성 불안해하는데, 복도에서 확성기 소리가 들렸다.

"긴급회의, 교사 긴급회의를 실시합니다. 선생님들은 한 분도 빠짐없이 지금 바로 교무실로 모이시기 바랍니다!"

선생님이 황급히 교실을 나가며 말했다.

"선생님 올 때까지 꼼짝 말고들 있어. 급장은 아이들 조용히 시키고, 알겠지?"

"네, 선생님!"

도환이가 큰 소리로 대답했다.

하지만 선생님이 나가자마자 아이들은 와글와글 떠들어 대기 시작했다.

"전쟁 났나? 총소리에 선생님들 긴급회의까지 한다니 무시무시한데."

"데모 때문일걸. 어젯밤 대학생들이 데모를 해서 시내가 시끄러웠다던데."

도환이가 교단 위로 올라가더니 흑판을 탕탕 쳤다.

"조용조용! 선생님이 조용히 하라고 한 거 못 들었어? 떠들면 이름 적고 변소 청소 시킨다!"

아이들이 바늘로 꿰맨 듯 입을 다물었다. 그러는 중에도 교문 밖에선 계속해서 소란스러운 소리가 들려왔다.

잠시 뒤 선생님이 허겁지겁 돌아와 무거운 표정으로 말했다.

"오늘 수업은 여기서 마친다. 모두 집으로 돌아가되 큰길을 피하고 골목길로 가도록! 큰길에서 데모대와 경찰이 대치 중이니 절대 구경하지 말고! 알겠지?"

"네!"

아이들은 책가방을 싸는 둥 마는 둥 우당탕탕 교실을 빠져나갔다. 승호도 급히 정택이와 함께 교실을 나섰다.

층계를 내려가는 중에 명규와 마주쳤다. 2층 끄트머리에 있는 4학년 교실에서도 명혜가 나오며 소리쳤다.

"오빠들, 같이 가!"

정택이랑 둘이서만 가려니까 겁이 났는데, 명규를 만나니 승호는 한결 든든했다. 명혜까지 데리고 갈 수 있어 그것도 마음 놓였다.

운동장으로 나오자 함성 소리는 더 크게 들렸다. 고춧가루를 뿌린 듯한 매캐한 냄새도 더욱 심해졌다. 명규가 쿨룩쿨룩하며 말했다.

"뭐가 이렇게 맵냐? 숨 쉬기도 힘드네. 눈도 따갑고."

"최루탄이라는 거 터뜨렸나 봐, 형."

승호가 대답하자 명혜가 눈을 게슴츠레 뜬 채 물었다.

"그럼 이게 최루탄 가스야? 콜록콜록. 너무 맵다. 눈물 콧물이 막 줄줄 나와."

명규가 안쓰러운 눈으로 명혜를 보았다.

"어떡하냐, 우리 명혜. 말하지 말고 입 다물어. 소매로 콧구멍도 가리고."

승호는 무엇보다도 어떤 길로 가야 할지가 걱정이었다. 세종로 큰길을 거치지 않고서는 집으로 갈 수가 없었다.

"선생님이 골목길로 가랬는데, 어떡하지? 우린 그럴 수가 없잖아."

"일단 큰길로 가다가 덕수궁쯤에서 골목길로 들어가자. 그 방법밖엔 없어."

"알았어, 형. 그렇게 하자."

명규의 제안에 넷은 일단 교문을 나와 세종로로 향했다.

큰길로 나서자마자 거리를 까맣게 메운 데모대가 보였다.

살인 경찰 물러가라, 이승만도 물러가라!
부정 선거 모두 무효, 재선거를 실시하자!
민주 역적 몰아내고, 김주열을 살려 내자!

거친 글귀가 적힌 현수막을 높이 든 채, 시민과 대학생, 중·고생들이 어깨에 어깨를 겯고 행진하고 있었다. 데모대가 외치는 함성이 귓전을 찌를 듯했다.

"이승만은 물러가라, 이기붕도 쫓아내자!"

"쫓아내자 쫓아내자!"

"살인 경찰 타도한다, 김주열을 살려 내라!"

"살려 내라 살려 내라!"

매캐한 최루 가스에도 아랑곳 않고 데모대는 목이 쉬어라 외쳤다. 앞장선 행렬이 힘차게 선창을 하면 뒷사람들은 뒷부분만 그대로 따라 읊었다.

데모에 참가하지 않은 시민들도 길가에 서서 손뼉을 치고 손을 흔들며 응원했다. 물 양동이를 들고 와 데모대에게 물을 떠 주는 아주머니들이 있는가 하면, 김밥이며 주먹밥을 나눠 주는 여학생들도 보였다.

데모대 맞은편엔 경찰들이 바리케이드를 앞세운 채 총을 겨누고 있고, 그 앞엔 피투성이가 된 사람들이 쓰러져 있었다.

엥-엥.

사이렌을 요란하게 울리며 구급차가 달려오더니 사망자와 부상자들을 바삐 실어 날랐다. 리어카를 끌고 와서 부상자들을 태우는 사람도 있었다.

팔뚝에 '취재', '기자'라는 완장을 찬 사람들도 정신없이 뛰어다녔다. 그렇지만 데모대는 구호를 힘차게 외치며 계속 앞으로 나아갔다.

"경무대로 가자! 경무대로!"

"가자 경무대로!"

살벌한 광경에 승호가 넋을 잃고 있는데 명규가 재촉했다.

"이러고 있음 안 돼. 얼른 가자, 얘들아!"

"알았어, 형."

승호는 그제야 정신을 차렸다.

명규가 명혜 손을 잡고 앞장서고, 승호와 정택이는 그 뒤를 따랐다. 데모대는 계속해서 구호를 외치며 나아가고, 응원하는 시민들은 아까보다 더 큰 박수를 보냈다.

그렇게 급히 가는데 총소리가 울려 퍼졌다.

탕 탕 타다탕 탕!

"총격이다! 피해랏!"

"엎드려!"

사람들이 소리치며 이리저리 흩어졌다. 그렇지만 이미 여기저기에서 사람들이 피를 쏟으며 퍽퍽 고꾸라지고 있었다.

"애들아, 뛰어!"

명규가 소리치며 명혜 손을 잡고 뛰기 시작했다. 승호도 정택이와 함께 정신없이 달음박질쳤다.

탕 탕 타타탕탕!

총소리가 유난히 크게 들린 순간이었다. 앞서 뛰던 명규가 갑자기 픽 쓰러졌다.

"오빠!"

"형!"

"명규 형!"

명혜와 승호, 정택이가 동시에 소리쳤다. 그러나 명규의 가슴에선 이미 피가 왈칵왈칵 솟구치고 있었다.
　"오빠! 왜 이래, 오빠! 흐윽!"
　명혜가 주저앉아 울음을 터뜨렸다.
　"형! 정신 차려!"
　"일어나, 형!"
　승호와 정택이는 명규를 일으켜 세우려 했다. 그제야 어른들이 몰려와 소리쳤다.
　"아이가 총에 맞았다! 아이가 쓰러졌다!"
　"앰뷸런스! 구급차 불러!"
　"총격을 멈춰라, 총격을!"
　"우리 오빠 살려 주세요, 네? 제발요! 죽으면 안 돼요."
　명혜가 엉엉 울며 발을 동동거렸다. 승호도 어른들을 붙잡고 명규를 살려 달라며 통사정했다.
　대학생인 듯한 청년이 달려들더니, 웃옷을 북 찢어 명규의 가슴 아래를 질끈 동여맸다. 다른 청년은 명규를 들쳐 업고 셋에게 소리쳤다.
　"너희는 얼른 집에 가라. 앰뷸런스 찾아서 대학 병원으로 데리고 가마."
　"저희도 갈 거예요! 같이 가게 해 주세요!"

"오빠 따라갈 거예요. 가게 해 주세요!"

승호와 명혜가 울부짖자, 한 청년이 버럭 화를 냈다.

"집으로 가라니까! 어른들한테 알려야 할 거 아니냐!"

명혜가 울먹거리며 고개를 끄덕였다.

"알았어요. 우리 오빠 꼭 살려 주세요! 흑흑."

명규를 들쳐 업은 청년들이 곧 반대쪽으로 뛰어갔다. 승호는 그 모습을 멍하니 보다가 명혜 손을 잡고 뛰기 시작했다.

"승호야, 같이 가! 나도 같이 가야지!"

정택이가 쫓아오며 소리쳤다.

"흑, 흐윽."

사람들 틈을 헤집고 달리는데 울음이 터져 나왔다. 승호는 뛰면서 간절히 빌었다.

'형, 명규 형! 죽으면 안 돼! 꼭 살아야 해!'

흰나비가 포르르

 승호는 만화책을 덮고 마루로 나왔다. 밤을 꼬박 새워 읽을 정도로 재미나던 만화이건만 하나도 재미가 없었다.
 마루엔 봄 햇살이 가득 쏟아져 내리고 집 안은 조용하기만 했다. 승호와 누나, 둘만 집에 있는데, 무얼 하는지 누나마저 아무런 기척이 없었다.
 승호는 마루 끝에 털썩 걸터앉았다. 금방이라도 대문 밖에서 "승호야, 뭐 하냐?" 하면서 명규가 나타날 것만 같았다. 하지만 그런 일은 결코 있을 수 없었다.
 그랬다. 끝내 명규는 죽고 말았다. 그날, 청년들이 구급차에 태워 급히 대학 병원으로 데리고 갔지만 두 시간을 못 넘기고 눈을 감은 것이다.
 승호는 믿을 수가 없었다. 명규 형이 경찰이 쏜 총을 맞아서 죽은 것이. 경찰이 되는 게 꿈이었던 형이, 경찰의 총탄에 어이없게 죽은 것이……. 온몸에서 기운이 빠지고 아무것도 할 수가 없었다.

서울에는 '계엄령'이라는 게 내려지고 학교들은 거의 문을 닫았다. 그래서 승호도 집에 콕 박혀 있는 것이었다.

꽃밭 위를 빙빙 돌던 흰나비 한 마리가 포르르 이쪽으로 날아왔다. 나비는 승호 머리 위에서 가슴께까지를 몇 바퀴 돌더니 다시 꽃밭 쪽으로 폴락폴락 날아갔다. 승호는 고무신을 신고 꽃밭으로 가 보았다. 나비는 그새 어디로 갔는지 온데간데없었다.

4월도 끄트머리라 꽃밭은 분홍색, 노란색, 보라색 등 갖가지 색깔의 꽃들로 며칠 새 알록달록해져 있었다. 승호는 엄마가 꽃나무마다 꽂아 둔 이름 팻말들을 하나하나 읽어 보았다.

"금낭화…… 씀바귀…… 제비꽃……."

그렇게 꽃들을 보고 있는데, 골목에서 아이들 소리가 들렸다. 승호는 대문을 열고 슬그머니 밖으로 나갔다.

도환이와 패거리들이 공터 한쪽에서 자치기와 말타기를 하며 놀고 있었다. 도환이는 맞은편 부자 동네에 살지만, 가끔은 승호네 동네로 와서 놀기도 한다.

'명규 형하고도 저렇게 재미있게 놀았는데……. 명규 형, 보고 싶다…….'

* 계엄령: 군사적 필요나 사회의 안녕과 질서 유지를 위하여 일정한 지역의 행정권과 사법권의 전부 또는 일부를 군이 맡아 다스리는 일이다. 대통령이 법률에 의거하여 선포한다.

승호는 코끝이 시큰해지며 눈시울이 뜨거워졌다.
그때 도환이 목소리가 승호 귓가에 날아왔다.
"너희, 창경원 가 봤냐? 난 작년에도 갔는데 낼모레 또 갈 거야. 올해는 벚꽃이 아주 활짝 피었대. 동물원에 동물들도 많아지고."
승호는 울컥하며 목이 메었다.
'아, 창경원 벚꽃 놀이! 명규 형도 가고 싶어 했는데. 우리 넷이서 전차 타고 가기로 했는데.'
전봇대 뒤에 몰래 숨은 채, 승호는 아이들 얘기를 엿들었다.
"온통 난리인데, 그래도 창경원 벚꽃 놀이 해?"
"할걸? 잘은 모르지만?"
도환이가 대답하자 다른 아이들이 호기심에 찬 목소리로 물었다.
"급장, 너 창경원에서 코끼리도 봤냐? 원숭이는?"
"당연히 봤지. 코끼리 코가 얼마나 길 것 같니?"
"이만큼?"
"아니, 이만큼?"
"촌놈들! 코끼리 코가 얼마나 긴데. 어른 팔뚝 열 배는 될걸? 뻥튀기 같은 거 던져 주면 그 코로 날름 받는다. 그런 다음 코를 돌돌 말아서 입으로 가져가 먹어. 진짜 웃기고 신기해."

"그럼 원숭이는? 진짜 사람처럼 생겼어?"

"응. 털북숭이고 못생겨서 그렇지, 사람이랑 비슷해. 손가락 발가락을 사람처럼 다 쓰고, 두 발로 서서 걸어 다닌다. 나무 옮겨 타기도 잘하고."

"그럼 원숭이 똥구멍이 진짜로 빨개?"

"당연! 똥구멍도 빨갛고 엉덩이도 빨갛지."

도환이 말에 누군가 뜬금없이 노래를 부르기 시작했다.

"원숭이 똥구멍은 빨개, 빨가면 사과, 사과는 맛있어……."

다른 아이들까지 신나게 따라 불렀다.

"……빠르면 비행기, 비행기는 높아, 높으면 백두산, 백두산 뻗어 나려 반도 삼천리, 무궁화 이 동산에 역사 반만년."

노래를 듣다 보니 승호는 화가 났다.

'쟤들은 명규 형 죽은 거 모르나? 명규 형이 억울하게 죽었는데, 어떻게 노래까지 하면서 놀지?'

그때 누군가 소리쳤다.

"어, 엄승호네. 야, 엄승호!"

전봇대 뒤에 숨은 게 눈에 띄었나 보다. 승호는 아이들과 말을 섞고 싶지 않아 알은척도 않고 얼른 발걸음을 돌렸다.

아이들이 승호 뒤에 대고 두런거렸다.

"쟤, 엄승호. 안명규 형이랑 엄청 친했다던데, 진짜 슬프겠다."

"옆집 살고 만날 같이 학교 다녔잖아. 그 형 총 맞을 때도 있었다던데."

승호가 한 귀로 듣고 한 귀로 흘려보내려는데, 대뜸 도환이가 목소리를 높였다.

"그 형 얘기는 하지 마. 죽은 건 안됐지만."

"왜? 왜 얘기하면 안 되는데?"

한 아이가 묻자 도환이가 확신에 찬 목소리로 대답했다.

"몰랐냐? 그 형, 빨갱이라서 총 맞은 거야. 데모대는 다 빨갱이고, 총 맞은 사람은 더더더 빨갱이래!"

아이들이 한목소리로 되물었다.

"진짜? 명규 형이 빨갱이었다고?"

"그렇다니까! 그 형네는 빨갱이 집이고! 빨갱이들 등쌀에 대통령 할아버지도 물러난 거라고."

도환이 말에 한 아이가 어깃장을 놓았다.

"우리 형도 데모했는데, 그럼 우리 형도 빨갱이이게? 우리 집도 빨갱이 집이고?"

다른 아이도 거들었다.

"우리 삼촌도 데모했지만 빨갱이 아니거든."

당황한 얼굴로 도환이가 소리쳤다.

"맞다니까! 데모한 사람들은 전부 빨갱이랬어!"

승호는 주먹을 움켜쥔 채 도환이에게 달려갔다.

"야! 황도환! 명규 형이 빨갱이라고? 명규 형네는 빨갱이 집이고? 데모한 사람도 다 빨갱이라고? 누가 그러던데?"

도환이가 움찔했다. 승호는 주먹 쥔 손을 부르르 떨며 더 세게 소리쳤다.

"명규 형이 어떻게 죽었는지 알아? 학교 끝나고 집에 가다가 총 맞았다고. 내가 똑똑히 봤다고. 근데 뭐, 빨갱이? 말이면 다야?"

도환이가 대꾸를 못 하고 우물쭈물하자, 아이들 몇몇이 승호를 편들었다.

"급장, 네가 심했어."

"엄승호 말이 맞는 거 같아."

"명규 형 억울하게 죽었다고 울 엄마도 얼마나 울었는데."

그런데도 도환이는 물러서기는커녕 벌게진 얼굴로 소리쳤다.

"아니거든! 명규 형은 빨갱이라서 총 맞은 거거든! 데모한 사람들, 다 빨갱이거든!"

"이 자식이! 급장도 반칙으로 된 주제에!"

승호가 주먹을 내지르려는 순간, 누군가 팔을 거칠게 잡았다.

"승호야, 참아!"

누나였다.

"명규가 빨갱이라고? 너, 이름이 뭐니? 승호랑 한 반이니?"

누나의 카랑카랑한 목소리며 날카로운 눈빛이 어찌나 매섭던지, 도환이는 바짝 얼어 아무 대꾸도 하지 못했다. 누나가 다그쳤다.

"너, 내 말 안 들려? 나 엄승호 누난데, 대답하는 게 좋을 거다."

도환이가 울 듯한 얼굴로 대답했다.

"저, 황……도환입니다. 승호하고 같은 반이고요."

그러자 누나가 도환이와 아이들을 둘러보며 말했다.

"황도환? 그래, 네가 뭘 알겠니. 누구한테 헛소리를 들어 그랬겠지. 내가 알기 쉽게 가르쳐 줄 테니 들어 볼래?"

"……."

"대통령이랑 부통령 할아버지 있지? 그분들이 절대로 해서는 안 되는 부정 선거를 했어. 그래서 시민들이랑 학생들이 선거를 다시 하라고 데모를 했단다. 그러니까 데모대는 빨갱이가 아니라, 민주주의를 위해 나선 사람들이야. 민주주의가 뭔지는 너희도 알지?"

누나가 조곤조곤 말하자 아이들이 머리를 끄덕거렸다.

"그런데 경찰이 총을 쏴서 데모에 나선 사람들을 마구 죽였어. 내 동무들도…… 그렇게 죽은 애들 있어. ……나도 데모했지만 다행인지…… 총을 맞진 않았지.”

누나의 목소리에 울음이 섞이기 시작했다.

“그리고 명규는…… 데모대 사이를 지나가다가 억울하게 죽은 거야. 우리 승호도 옆에 있었고.”

아이들은 숨소리를 죽인 채 누나 이야기에 귀를 기울였다.

“명규뿐 아냐. 그날 죽은 학생이 중·고등학생은 수없이 많고, 국민학생도 명규 말고도 서넛이 더 있다더라. 그런데 빨갱이라고? 그렇게 말하면 안 되겠지?”

급기야 누나 목소리가 바르르 떨렸다.

'그랬구나. 그날 죽은 국민학생이 명규 형뿐이 아니구나.'

명규 형이 총을 맞던 날 모습이, 피를 쏟으며 쓰러지던 모습이 승호의 머릿속에 주마등처럼 떠올랐다. 눈물이 핑 돌며 울음이 터져 나왔다.

승호의 울음이 신호인 양, 아이들도 꺽꺽거리며 울기 시작했다. 도환이도 입술을 비죽비죽하더니 결국엔 울음을 터뜨렸다.

“내가 너희를 울렸구나. 그만 울어. 명규가 빨갱이가 아니란 것만 알아주면 된다. 알겠지?”

누나가 코맹맹이 소리로 말하며 도환이와 아이들 어깨를 토닥거렸다. 아이들은 가까스로 울음을 그치며 고개를 주억거렸다.

"가자, 승호야."

누나가 승호 손을 잡으며 말했다. 승호는 아이들에게 눈인사를 하고는 누나 손을 꼭 잡은 채 집으로 향했다. 오랜만에 잡아 보는 누나 손이 그렇게 따뜻할 수가 없었다.

놀라운 소식

다음 날이었다. 아침밥을 먹고서 잠시 쉬는데 막냇삼촌이 신문을 보다 말고 말했다.
"승호야. 명혜가 쓴 시가 신문에 실렸어."
"진짜? 어디?"
승호는 삼촌에게서 신문을 뺏다시피 했다. 정말 거기엔 '경찰의 총격에 사망한 故 안명규 군에게 바치는 추모 시'란 글귀 아래 시 한 편이 실려 있었다.

보고 싶은 오빠에게
　　　　　　　　　OO 국민학교 4학년 안명혜

오빠, 잘 있어? 나는 잘 못 있어.
오빠가 없어서. 오빠가 보고 싶어서.

오빠! 나랑, 승호 오빠랑, 정택이 오빠랑

창경원 벚꽃 놀이 가기로 한 거 잊었어?
오빠랑 창경원 꼭 가고 싶었는데,
코끼리랑 원숭이도 같이 보고 싶었는데.
도대체 어디로 간 거야.

오빠, 난 탕탕탕 총소리 잊어버릴 거야.
그렇지만 오빠는 절대로 안 잊을 거야.
오빠, 너무너무 보고 싶다.

그렇지만 너무 걱정은 마.
나, 엄마랑 잘 지낼 테니까.
그러니까 오빠도
하늘나라에서 아버지랑 잘 지내. 알았지?

    승호는 눈앞이 흐릿해져 시를 제대로 읽을 수가 없었다. 승호 자신과 정택이 이름이 나오고 창경원 얘기를 한 부분에서는 더더욱. 그리고 하늘나라 얘기를 한 부분에서도…….
    그래도 승호는 시를 끝까지 다 읽고는 훌쩍훌쩍하며 신문을 내려놓았다.
    막냇삼촌이 승호 어깨를 꼭 껴안아 주었다. 승호는 더욱 설움이 복받쳐 꺽꺽 눈물을 삼켰다. 마침 누나가 방문을 열고 얼굴을 들이밀었다.

"삼촌, 오늘 신문 여기 있어? 어, 엄승호 또 왜 그래? 그만 울어야지. 울보 될라."

누나가 안쓰러워하며 안으로 들어왔다.

"명혜가 쓴 시가 신문에 났어. 그거 읽고 저러는구나."

삼촌이 대답하자 누나가 눈을 휘둥그레 뜨곤 신문을 들어 올렸다.

"명혜 시가?"

그러고는 명혜의 시를 읽고 이내 눈가를 훔쳤다.

"꼬맹이가 무슨 시를 이렇게 잘 써. 너무 슬프다, 후유."

누나가 한숨을 내쉬자 삼촌이 고개를 끄덕거렸다.

"그러니깐. 명혜가 글짓기 잘한다고 아주머니가 늘 자랑하셨잖아. 백일장에서 상 엄청 받았다더라."

"그럼, 도맡아 받았지. 아무튼 명규가 없으니까 명혜가 너무 딱해. 제 오빠를 얼마나 좋아했냐고."

"누가 아니라니? 명규가 어려도 의젓해서, 돌아가신 아저씨 몫까지 했을 거야. 그러니 아주머니는 또 얼마나 상심이 크시겠니. 아들한테 의지를 많이 하셨을 텐데."

누나와 삼촌 얘기에 승호는 안성댁 모습이 떠올랐다. 며칠 동안 거의 넋을 잃은 듯했던 그 모습이…….

"근데 어떻게 명혜 시가 신문에까지 실렸지, 삼촌?"

"아주머니 친척 중에 신문사 다니는 사람이 있다고 들었어. 아주머니가 신문사에 보낸 거 아닐까?"

"그렇겠네. 근데 명혜 시 읽으니까 동무 생각나서 너무 슬프다. 나도 이런데, 우리 승호는 오죽 맘이 아플까. 명규를 친형처럼 따랐는데."

"참, 네 동무도 총탄에 죽었댔지? 이런 비극이 없다, 승희야. 민주주의가 사망한 거지, 사망."

"이게 나라냐고? 학생이고 어른이고 희생자가 한둘이 아니잖아. 너무 화가 나."

누나와 삼촌이 이야기를 주고받는 동안 승호는 자리에서 일어났다. 명혜와 정택이가 보고 싶었다. 명규가 죽기 전만 해도 하루에 몇 번씩이나 만나서 놀던 사이인데, 명규의 장례를 치른 뒤론 며칠째 만나지 못했다.

"삼촌, 나 신문 좀 가져가도 되지?"

승호가 묻자 막냇삼촌이 되물었다.

"응, 근데 왜?"

"정택이도 보여 주고, 명혜도 만나려고. 걔네 만난 지 한참 됐어."

"그러렴, 승호야. 슬프겠지만 힘내고. 명혜도 잘 챙겨 주고…….."

"알았어, 삼촌."

곧 승호는 신문을 접어들고 정택이네 집으로 향했다. 정택이를 만나서 같이 명혜한테 갈 생각이었다.

그런데 골목 가장자리에서 낯익은 6학년 둘이서 무슨 얘기를 하고 있었다. 명규와 같은 반인 데다 친하기도 했던 형들이라 그냥 지나칠 수가 없었다. 승호는 6학년 형들에게 가서 꾸벅 인사를 했다. 둘은 승호에게 고개만 끄덕하곤, 원래 하던 얘기를 계속했다.

"넌 안 무섭냐? 난 솔직히 무서워. 경찰이 우리한테도 총 쏘면 어떡해? 안명규도 그렇게 죽었는데?"

눈썹이 짙고 홀쭉한 형이 묻자, 매부리코에 몸이 통통한 형이 대답했다.

"그래서 안 나가려고? 데모 안 하려고?"

'명규 형 얘기를 왜 하지? 데모는 또 뭐고?'

가려던 참이었지만 승호는 그 자리에 선 채 내처 얘기를 들었다.

"아니, 안 한다는 게 아니라. 좀 무섭다는 거지."

"사실 안 무서우면 이상한 거지. 근데 명규가 그렇게 죽어서, 국민학생까지 쏴 죽였다고 난리가 났대. 이럴 때 우리가 나서면 절대로 경찰이 총 못 쏠 거래. 우리는 명규 동무잖아."

"진짜 그럴까?"

"그럼. 명규 때문에 국민학생들이 데모를 하는데 거기다 대고 어떻게 총을 쏘겠냐? 절대로 못 쏠 거야."

승호는 궁금증을 못 이기고 불쑥 물었다.

"형들, 지금 한 얘기, 무슨 소리예요?"

눈썹이 짙고 홀쭉한 형이 대답했다.

"인마, 너 5학년이잖아. 이거 6학년들 얘기야."

하지만 승호는 계속 졸라 댔다.

"지금 명규 형 얘기 했잖아요. 그럼 난 알아야 돼요. 명규 형은 나한테 친형이나 마찬가지라고요. 명규 형 총 맞을 때도 같이 있었고요."

"아, 너 엄승호구나. 명규 옆집에 산다는? 아까 왜 인사하나 했네."

"맞아요. 엄승호예요."

승호가 고개를 주억거리자 홀쭉한 형이 통통한 형에게 말했다.

"어떡하지? 6학년끼리만 연락하는 건데?"

통통한 형이 잠시 생각하더니 입을 열었다.

"모레 아침에 6학년들이 덕수궁 앞에 모여서 데모를 하기로 했어. 경찰이 총을 쏴서 명규를 죽게 했잖아. 그래서 총 쏘지 말라고 우리가 데모하기로 했어."

승호는 깜짝 놀랐다. 6학년들이 데모를 한다니……. 국민학생들이……. 너무도 놀라운 소식이었다.

"정말이에요? 그걸 누가 정했는데요?"

"몰라. 그냥 그렇게 연락을 받았어. 그래서 6학년들끼리 집집마다 다니면서 연락하는 중이야."

"5학년도 해도 되죠? 나도 가도 되죠?"

승호는 가슴이 벅차올랐다. 명규 형이 죽은 뒤 슬퍼하고 그리워하는 것 말고는 할 수 있는 게 아무것도 없었는데, 뭔가 할 수 있는 일이 생긴 것만 같아서.

6학년들이 머리를 갸우뚱했다.

"글쎄, 5학년도 해도 되나? 한 명이라도 더 많으면 좋을 것 같기도 하고."

"그렇겠지. 꼭 6학년만 하라는 법은 없잖냐?"

"알려 줘서 고마워요, 형들."

승호는 서둘러 인사하고 얼른 자리를 떴다. 이 소식을 어서 정택이와 명혜에게 알려야 했다.

사월의 노래

신발을 챙겨 신으며 승호는 일부러 큰 소리로 말했다.
"골목에서 쫌만 놀다 올게요!"
할머니가 방문을 열고 나오며 걱정했다.
"아침부터 어데를 간다고 그라노? 삼촌이랑 누야도 새벽같이 나가서 걱정인디. 그냥 집에서 놀지."
승호는 엄마도 뭐라고 할 줄 알았다. 그런데 웬일인지 엄마는 부엌에서 빠끔히 내다보며 승호 편을 들었다.
"계속 집에만 있었는데 오죽 답답하겠어요? 나가 놀게 냅두셔요, 어머니."
"어제는 대학교수들까정 데모를 했다카이 그라제. 봐라, 큰 길 쪽에서 데모 소리 안 들리나."
"골목에서 논다니 보내 주셔요. 승호야, 큰길로는 가지 말고 근처에서만 놀아라. 금방 들어오고."
"예. 그럴게요, 엄마!"
승호는 얼른 대답하고 대문을 나섰다. 다행이었다. 엄마한테 들킬까 봐 조마조마했는데.

오늘은 바로 그날이었다. 6학년들이 덕수궁 앞에 모여 데모를 하기로 한 날.

정택이와 명혜는 벌써 골목길 끝 공터에 나와 있었다. 며칠 전 6학년들이 데모를 한다는 소식을 승호가 전했을 때도 누가 먼저랄 것 없이 데모하러 가겠다고 방방 떴던 둘이었다.

"일찍 왔네? 어른들한테는 얘기 안 했지?"

승호가 묻자 정택이가 고개를 끄덕였다.

"당연하지. 말해 봤자 못 나가게 할 게 뻔한데 뭘."

명혜도 모처럼 해맑게 웃었다.

"나도 그냥 조금 놀다 온다고 했어. 6학년들 데모 나가는 거 소문 퍼졌던데 우리 엄마는 모르는 것 같아."

"모르시는 게 낫지. 아주머니가 아시면 앞장선다고 하실걸."

"맞아. 그래서 나도 말할까 말까 망설였어. 근데 좀 떨린다, 승호 오빠."

"명혜야, 그럼 가지 말까? 무서우면 안 가도 돼."

승호가 걱정하자 명혜는 펄쩍 뛰었다.

"내가 안 가면 누가 가! 우리 오빠 일인데……. 혹시 오빠가 겁나는 거 아냐?"

승호는 뜨끔했다. 사실 6학년들의 데모 소식을 처음 들었을 때는 가슴이 벅차올라 당장 같이 하겠다고 했지만, 집에 가서 생각하니 슬그머니 겁이 났다. 그런데 차츰 시간이 지나니 마음속에서 겁이 걷히고, 조그만 믿음이 싹트는 것이었다. 6학년 형들한테 들은 그 말이 머릿속에 떠오르면서.

'이럴 때 우리가 나서면 절대로 경찰이 총 못 쏠 거래. 우리는 명규 동무잖아.'

정말 그럴 것 같았다. 억울하게 죽은 동무를 위해 나서는 아이들을 향해 경찰이 설마 총을 쏠까.

승호는 명혜를 보며 또박또박 말했다.

"솔직히 겁났지만 지금은 아냐. 명혜도 가는데 이 오빠가 안 가면 되겠니? 얼른 가자!"

정택이도 주먹을 불끈 쥐며 한마디 했다.

"승호 말이 백번 맞아! 명혜가 가는데, 우리가 안 가면 안 되지!"

"오빠들 짰어? 암튼 그럼 출발!"

명혜가 입을 헤벌리며 씩씩하게 구령을 외쳤다. 셋은 덕수궁을 향해 힘차게 달려갔다.

세종로는 벌써부터 사람들로 빼곡했다. 어른이고, 청년이고, 중·고등학생이고 할 것 없이 거리를 가득 메운 사람들이 구호를 외치며 행진을 하고 있었다. 탱크 위에 다닥다닥 올라탄 채 태극기나 현수막을 흔들어 대는 사람들도 있었다.

"부정 선거 다시 해라!"

"국민들에게 총부리를 겨누지 마라!"

언제부터 소리를 지른 건지 데모대는 목이 잔뜩 쉬어 있었다.

상점들은 모두 문을 닫았고, 거리 곳곳엔 경찰과 군인들이 바리케이드를 앞세운 채 굳은 얼굴로 앞에총*을 하고 있었다.

"어, 경찰하고 군인들이 있어. 총도 들었어."

명혜가 멈칫하며 한 걸음 물러섰다. 승호는 얼른 명혜 손을 잡았다.

"총 안 쏠 거야. 명혜야, 오빠 손 잡아. 정택아, 너도 명혜 손 잡아 줘라!"

"알았어. 손을 잡으면 힘이 생기지. 겁도 안 나고."

정택이가 대답하며 명혜의 다른 손을 잡았다. 승호와 정택이가 양쪽에서 손을 잡고서야 명혜는 굳었던 얼굴을 풀었다. 그렇게 셋은 나란히 손을 잡은 채 덕수궁을 향해 뛰었다.

'大漢門(대한문)'이라는 글자가 새겨진 덕수궁 정문이 저만치 보였다. 그 앞에는 이미 낯익은 6학년들이 한 줄에 열 명

*앞에총: 총을 앞으로 세워 들고 차렷 자세를 취하는 동작

정도씩 나란히 줄을 선 채 어깨동무를 하고 있었다.

맨 앞줄 양 끝에 선 형들은 커다란 현수막을 든 채 비장한 얼굴로 서 있었다. 현수막엔 '우리에게 총부리를 겨누지 마세요!' '부모 형제들에게 총을 쏘지 마세요!'라는 큼직한 글귀가 적혀 있었다.

"우리가 늦었나 봐. 벌써 시작했나 보다."

"얼른 가자."

셋이 뛰어가 뒷줄에 서자, 옆에 있던 형이 알은체를 했다.

"너희 5학년 아니니? 6학년끼리 하기로 했는데……."

"응, 5학년인데 왔어요. 같이 하고 싶어서. 얘는 명규 형 동생이고, 우리 둘도 명규 형이랑 무지 친했어요."

승호가 대답하자 뒤쪽에 있던 누나가 말했다.

"너희 말고도 5학년, 4학년 애들 더 있어. 근데 이렇게 어깨동무를 하래. 서로서로."

명혜가 가운데에 서고 승호와 정택이가 양옆에 선 채 셋은 어깨동무를 했다. 앞쪽엔 정말 5학년, 4학년들도 제법 눈에 띄었다.

승호가 앞을 두리번거리는데 정택이와 명혜가 잇달아 소리쳤다.

"어, 우리 선생님이잖아? 선생님들도 나오셨어."

"울 엄마, 승호 오빠네 아주머니도 있네. 정택이 오빠 아버지도!"

정말 승호네 선생님을 비롯한 선생님들이 저만치에서 두런두런 이야기를 나누고 있었다. 그 뒤쪽엔 승호 엄마와 안성댁, 정택이 아버지 같은 학부모들도 보였다.

그때 맨 앞에 있던 6학년 형이 확성기에 대고 말했다.

"이제 행진을 시작하겠습니다. 어깨동무한 채로 갑니다. 제가 확성기에 대고 외치면 주먹을 올리면서 따라 외치면 됩니다. 할 수 있지요?"

명규네 반 급장이자, 전교 회장인 형이었다.

"네!"

아이들이 대답하자 전교 회장이 주먹을 쥔 채 큰 소리로 외쳤다.

"우리에게 총부리를 겨누지 마세요!"

"우리에게 총부리를 겨누지 마세요!"

모두들 주먹을 추켜올리며 힘차게 따라 외쳤다.

다시 회장이 소리치고, 나머지 아이들이 한목소리로 합창했다.

"부모 형제에게 총을 쏘지 마세요!"

"부모 형제에게 총을 쏘지 마세요!"

선생님들도, 학부모들도 아이들 틈에 끼어 행진하며 소리쳤다.

사람들이 주위로 몰려들며 박수와 응원을 보냈다. 눈시울을 적시는 사람들도 있었다.

"어린아이들까지 나와서 데모를 하네. 세상이 오죽 엉망이면!"

"경찰 총 맞고 죽은 안명규라는 애가 다닌 학교 아이들이래."

"동무가 억울하게 죽었으니, 애들이 데모할 법도 하지."

어른들도, 청년들도, 중·고등학생들도 아이들을 따라 행진하며 외치기 시작했다.

"어린 피에 보답하라!"

"부정 선거 다시 하라!"

"경무대로 가자!"

승호는 눈시울이 뜨거워지며 가슴이 벅차올랐다. 명혜와 정택이도 그런 눈치였다.

다행히도 경찰과 군인들은 어린이 데모대를 지켜보기만 할 뿐 아무런 행동을 하지 않았다. 심지어는 눈물을 흘리는 이도 있었다.

그렇게 계속 행진을 하는데 앞줄에서 노래를 부르기 시작했다.

날아라 새들아 푸른 하늘을,

달려라 냇물아 푸른 벌판을…….

'어린이날 노래'였다. 승호도 주먹을 올렸다 내렸다 하면서 목청껏 노래를 불렀다.
2절이 시작되었다.

우리가 자라면 나라의 일꾼,
손잡고 나가자 서로 정답게,
4월은 푸르구나 우리들은 자란다,
오늘은 어린이날 우리들 세상.

모두 약속이나 한 듯 '5월'을 '4월'이라고 바꿔 불렀다.
그때 갑자기 거리 전체가 술렁거리기 시작했다. 어른들이 놀란 표정으로 서로서로 무언가 얘기를 전하고 또 전했다.
이어 트럭에 올라탄 청년 하나가 확성기에 대고 소리쳤다.
"이승만 대통령이 사임한답니다. 곧 라디오에서 하야* 성명을 발표한답니다! 하야 성명을 함께 들읍시다!"
사람들이 일제히 환호했다.
"와아! 우리가 이겼다, 국민이 승리했다!"

***하야**: 시골로 내려간다는 뜻으로, 관직이나 정계에서 물러남을 이르는 말

"하야, 하야! 승리, 승리!"

잠시 뒤 확성기를 통해 이승만 대통령의 목소리가 흘러나오기 시작했다. 사람들은 모두 숨을 죽인 채 확성기 쪽으로 귀를 바짝 기울였다.

"나는 해방 뒤 본국에 돌아와서 애국 애족하는 동포들과 더불어 잘 지내왔으나…… 사랑하는 우리 청소년 학도들을 위시하여* 우리 애국 애족하는 동포들이 내게 몇 가지 결심을 요구하고 있다니……. 하나, 국민이 원하면 대통령직을 사임할 것이며, 둘, 지난번 선거에 많은 부정이 있었다고 하니 선거를 다시 하도록 지시할 것이며……."

순간 거리는 우레와 같은 함성으로 떠나갈 것 같았다.

"만세! 민주주의가 이겼다!"

"대한민국 만세! 민주 정의 만세!"

사람들은 서로를 부둥켜안고 발을 구르며 기뻐했다. 승호도 명혜, 정택이와 함께 펄쩍펄쩍 뛰며 만세를 불렀다.

정신없이 그러고 있는데 누가 어깨를 툭 쳤다.

"승호야!"

"명혜야, 정택아!"

깜짝 놀라서 보니 엄마와 안성댁이었다.

* **위시하다**: 여럿 중에서 어떤 대상을 첫자리 또는 대표로 삼다.

"아이고, 놀러 나간다더니 여기 온 게냐?"

눈시울이 벌게진 채 엄마가 말했다. 승호는 순순히 대답했다.

"말하면 못 나가게 할 거 같아서요. 엄마도 데모했어요?"

엄마 대신 안성댁이 대답했다.

"그래, 몰랐으면 몰라도, 알았는데 어떻게 안 나오니. 난 명규 에미이고, 네 엄마도 명규를 그리 예뻐했는데……."

눈이 퉁퉁 부은 안성댁이 말하자 명혜가 울락 말락 입술을 삐죽거렸다.

"엄마 나빠……. 알면서 모르는 척하고."

안성댁이 명혜를 껴안으며 울먹거렸다.

"차마 우리 명혜한테 얘기를 할 수가 있어야지……. 오빠가 그렇게 가는 걸 네가 봤는데, 차마 여길 나오자고 할 수가 있어야지. ……승호, 정택이한테도 마찬가지다. 그래서 너희한테 얘기를 안 했어."

"그래. 얘기를 못 하겠더라. 그런데 이 녀석들, 어떻게 알고 나온 거야……."

엄마도 울음기 밴 목소리로 고개를 끄덕끄덕했다.

승호는 어렴풋이나마 안성댁 아주머니의 마음을 알 것 같았다. 엄마 마음도…….

명혜가 입을 삐죽삐죽하더니 급기야 울음을 터뜨렸다. 승호도 정택이도 덩달아 흐느꼈다.

"울지 마라. 오늘 너희가 정말 큰일 했다. 대견하고 기특하다. 하늘에서 명규도 기뻐할 거야."

안성댁이 두 팔로 셋을 꼭 껴안으며 말했다. 엄마도 그 말을 거들었다.

"아무렴. 명규도 좋아할 거다. 동생들이 이렇게 씩씩해서……."

승호와 명혜, 정택이는 그렇게 한참 동안 서로를 부둥켜안은 채 울었다.

매캐한 최루 가스가 가득했던 거리엔 어느새 새날이 오고 있었다. 힘겹고 슬펐던 사월은 저물어 가고 푸르른 오월이, 희망찬 오월이.